Almacenamiento de la información e introducción a los SGBD

José Manuel Cabello García

ic editorial

Almacenamiento de la información e introducción a los SGBD

1ª Edición

Editado por: IC Editorial
c/ Cueva de Viera, 2, Local 3
Centro Negocios CADI
29200 Antequera (Málaga)
Teléfono: 952 70 60 04
Fax: 952 84 55 03
Correo electrónico: iceditorial@iceditorial.com
Internet: www.iceditorial.com

ISBN: 978-84-1184-557-1
Depósito Legal: MA 88-2025

Impresión: PODiPrint
Impreso en Andalucía – España

Nota de la editorial: IC Editorial pertenece a Innovación y Cualificación S. L.

Presentación del manual

El **Certificado de Profesionalidad** es el instrumento de acreditación, en el ámbito de la Administración laboral, de las cualificaciones profesionales del Catálogo Nacional de Cualificaciones Profesionales adquiridas a través de procesos formativos o del proceso de reconocimiento de la experiencia laboral y de vías no formales de formación.

El elemento mínimo acreditable es la **Unidad de Competencia.** La suma de las acreditaciones de las unidades de competencia conforma la acreditación de la competencia general.

Una **Unidad de Competencia** se define como una agrupación de tareas productivas específica que realiza el profesional. Las diferentes unidades de competencia de un certificado de profesionalidad conforman la **Competencia General,** definiendo el conjunto de conocimientos y capacidades que permiten el ejercicio de una actividad profesional determinada.

Cada **Unidad de Competencia** lleva asociado un **Módulo Formativo,** donde se describe la formación necesaria para adquirir esa **Unidad de Competencia,** pudiendo dividirse en **Unidades Formativas.**

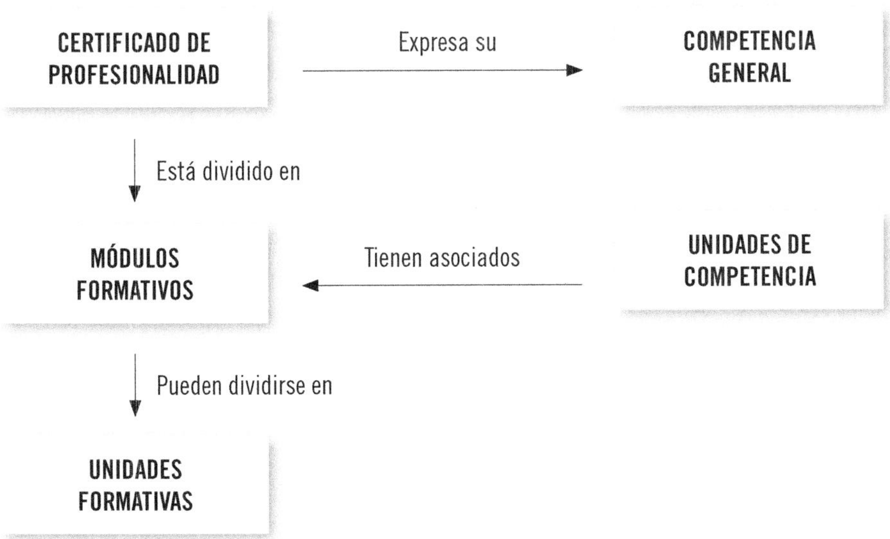

El presente manual desarrolla la Unidad Formativa **UF1468: Almacenamiento de la información e introducción a los SGBD,**

perteneciente al Módulo Formativo **MF0224_3: Configurar y gestionar un sistema gestor de bases de datos,**

asociado a la unidad de competencia **UC0224_3: Configurar y explotar sistemas informáticos,**

del Certificado de Profesionalidad **Administración de bases de datos.**

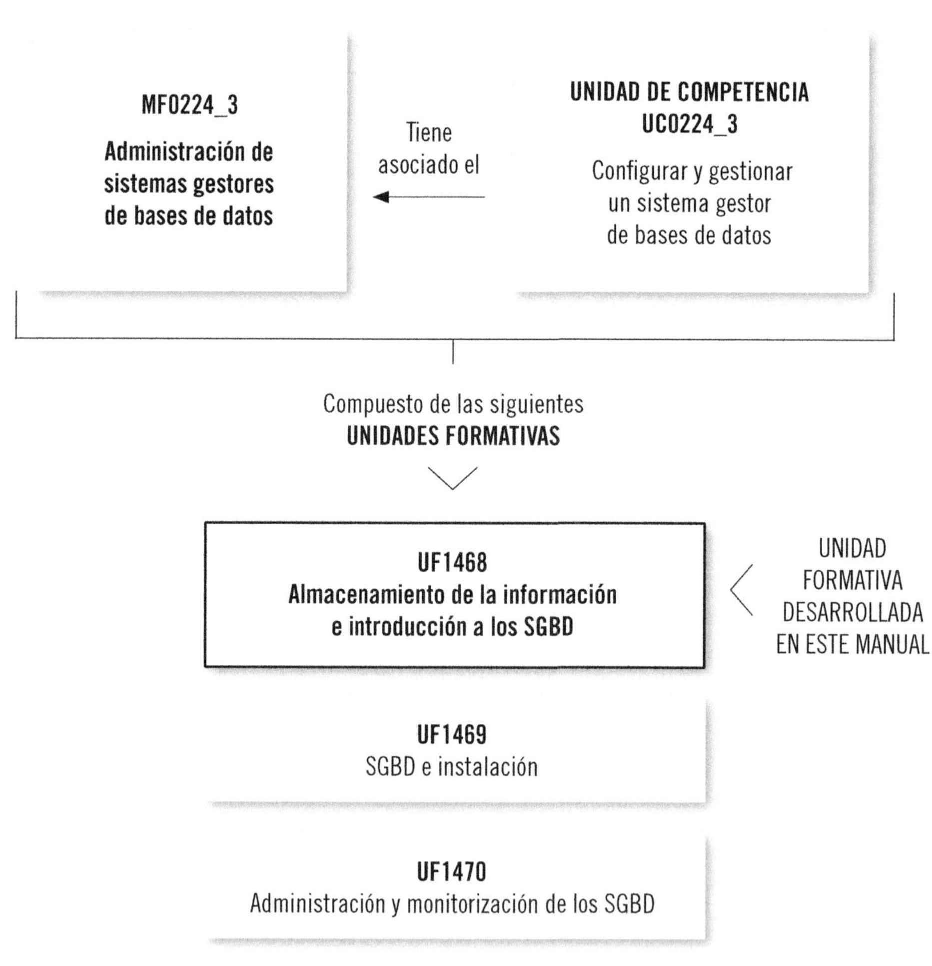

FICHA DE CERTIFICADO DE PROFESIONALIDAD

(IFCT0310) ADMINISTRACIÓN DE BASES DE DATOS (R. D. 1531/2011, de 31 de octubre modificado por el R. D. 628/2013, de 2 de agosto)

COMPETENCIA GENERAL: Administrar un sistema de bases de datos, interpretando su diseño y estructura, y realizando la adaptación del modelo a los requerimientos del sistema gestor de bases de datos (SGBD), así como la configuración y administración del mismo a nivel físico y lógico, a fin de asegurar la integridad, disponibilidad y confidencialidad de la información almacenada.

Cualificación profesional de referencia	Unidades de competencia		Ocupaciones o puestos de trabajo relacionados:
IFC079_3 ADMINISTRACIÓN DE BASE DE DATOS (R. D. 295/2004, de 20 de febrero y modificaciones R. D. 1087/2005, de 16 de septiembre)	UC0223_3	Configurar y explotar sistemas informáticos	• Administrador de bases de datos • Técnico en Data Mining (minería de datos) • Analista orgánico
	UC0224_3	Configurar y gestionar un sistema gestor de bases de datos	
	UC0225_3	Configurar y gestionar la base de datos	

Correspondencia con el Catálogo Modular de Formación Profesional

Módulos certificado	Unidades formativas	Horas
MF0223_3: Sistemas operativos y aplicaciones informáticas	UF1465: Computadores para bases de datos	60
	UF1466: Sistemas de almacenamiento	70
	UF1467: Aplicaciones microinformáticas e Internet para consulta y generación de documentación	40
MF0224_3: Administración de sistemas gestores de bases de datos	UF1468: Almacenamiento de la información e introducción a los SGBD	50
	UF1469: SGBD e instalación	70
	UF1470: Administración y monitorización de los SGBD	80
MF0225_3: Gestión de bases de datos	UF1471: Bases de datos relacionales y modelado de datos	70
	UF1472: Lenguajes de definición y modificación de datos SQL	60
	UF1473: Salvaguarda y seguridad de los datos	70
MP0313: Módulo de prácticas profesionales no laborales		80

Índice

Capítulo 1

Tipos de almacenamiento de la información

Contenido

1. Introducción

Cualquier organización pública o privada requiere de sistemas de almacenamiento de la información para las ingentes cantidades de datos que manipulan en su día a día. Es un hecho que existen empresas cuyo volumen de datos es infinitamente superior al de otras un tanto más pequeñas, y es cierto, aunque por otro lado, que por muy pequeña que sea una empresa o institución no se escapa esta de la necesidad de almacenar una mínima cantidad de información como pueda ser simplemente los datos personales de sus propios empleados, por muy pocos que sean, además de los datos necesarios en función de la actividad en la que se muevan.

Antes de la informatización, la información relativa a una empresa se apuntaba en unas pequeñas tarjetas rectangulares de un papel algo más grueso de lo convencional y casi llegando al cartón, con el nombre del cliente en la parte superior. Por ejemplo, en una ferretería de toda la vida y en la que se podía encontrar casi de todo, el dependiente anotaba en las citadas tarjetas los diferentes artículos que vendía a cada cliente y que este le dejaba pendientes de pago. En el caso de tener decenas o cientos de clientes, cada uno tenía su propia tarjeta. Este volumen requería una buena organización para llevar las cuentas de la empresa, estructurada en carpetas o archivadores cada uno con una letra del abecedario que identificaba el primer apellido del cliente o el nombre de la empresa de este.

Los avances de la tecnología transformaron estas fichas de papel en sistemas automatizados por ordenador. En un primer momento se utilizaron ficheros o archivos digitales a los que se trasladaron manualmente la información contenida en las tarjetas de papel, con los que se consiguió ganar en eficiencia y facilidad de almacenamiento para el trabajo diario. A este tipo de almacenamiento de la información se dedica este capítulo. Como evolución al sistema de almacenamiento y organización de la información en ficheros también surgieron los sistemas de almacenamiento de la información en bases de datos o sistemas gestores de base de datos.

2. Análisis y ejemplificación de los diferentes modelos de almacenamiento de información en ficheros

Antes de comenzar a analizar los diferentes tipos de modelos de almacenamiento de la información en ficheros es necesario conocer una serie de conceptos preliminares que ayudarán a comprender la lógica de cada uno de los diferentes modelos. Entre estos conceptos se encuentran los siguientes:

- **Registro:** por registro se entiende a la disposición que toman los datos almacenados para un mismo sujeto y que están relacionados entre sí. Por ejemplo, se puede pensar en un registro como una estructura de datos que organiza la información referente a un trabajador, como puede ser su nombre, DNI, puesto que ocupa en la empresa, años de antigüedad, dirección o el teléfono.
- **Campo:** cada uno de los datos que almacena el registro, en este caso relacionado con el sujeto "trabajador", se conocen como campos. Cada uno de estos campos no tiene por qué tener la misma naturaleza, es decir, pueden coexistir registros que almacenen información numérica con otros que contengan cadenas de texto e incluso fechas.
- **Campo clave:** es importante tener en cuenta la forma en que se diferencia un registro concreto de otro o cómo realizar una búsqueda de un registro concreto entre cientos o miles de ellos. Para esta tarea existe dentro de cada registro un campo especial de los que se han mencionado anteriormente que le proporciona a cada registro la propiedad de único. Se habla concretamente del campo clave y tiene como misión la de diferenciar a un registro del resto. El campo clave determina que no hayan dos registros exactamente iguales puesto que no se puede repetir la información contenida en el campo clave, es decir, pueden existir dos trabajadores con el mismo nombre y apellidos pero cada uno con su propio DNI. En caso de tratar otro tipo de información, como puedan ser vehículos o empresas, se determina el campo clave por algún dato irrepetible, como puede ser el número de bastidor o el CIF. Si no fuera sencillo identificar un campo con estas características se creará uno que realice esta labor para cada uno de ellos y que los identifique del modo códigoCurso, idCliente, etc.
- **Fichero:** por último, es importante resaltar el concepto de fichero. Como ya se sabe, un fichero es una estructura de almacenamiento de datos y

se puede deducir que en ella se encontrarán todos los registros relacionados con la información sensible de almacenar, por ejemplo, los clientes de una empresa o los proveedores de esta. Señalar que los registros almacenados en un mismo fichero poseen la misma naturaleza en sus campos y no tienen un tamaño preestablecido.

Actividades

1. Encuentre tres ejemplos en su vida cotidiana que ejemplifiquen el concepto de registro aplicado a cualquier contexto.
2. Añada cinco campos a cada uno de los tres ejemplos de registros elegidos en la actividad anterior.
3. Elija un campo clave para cada uno de los registros realizados en las actividades anteriores. Si no está claro defínalos usted mismo.

Como posibles dudas que pueden surgir entran a escena las siguientes: ¿se podrá preguntar de qué manera se organizan los registros en un fichero y si estos tienen la misma estructura, es decir, si son variables en cuanto a tamaño?

En cuanto a la primera de la cuestiones señalar que a continuación se analizarán los diferentes modelos de almacenamiento de información en ficheros. Para la segunda, y referida al tamaño de los registros, hay que aclarar que no todos los registros poseen la misma estructura, existiendo diferentes tipos de registros en función de su longitud.

Importante

Un registro es un conjunto de datos relativos a la misma entidad de distinto tipo, existiendo de diferentes tipos en función de su longitud.

En primer lugar, se tienen registros de tamaño fijo, en ellos se mantiene el número total de campos además del tamaño de los mismos.

Por otro lado, existen los registros de tamaño variable dado que este no está definido. La duda surge en cómo acotar los límites de cada campo; ya para ello se establecen diferentes formas de delimitarlos, entre las que se pueden utilizar caracteres especiales a modo de separadores que establezcan tanto el final de un campo como el de un registro. De otro modo se puede añadir al registro un campo que contenga la información del tamaño o longitud de cada uno de los diferentes campos que contiene el registro.

Aplicación práctica

Dibuje un pequeño esquema que ilustre primero los registros y posteriormente cada uno de sus campos en referencia a un fichero de empresas.

SOLUCIÓN (Propuesta)

Empresas
Reparaciones El Chispas S.L:
Abonos Jaén S.A.
MercaSur 2013 S. A.
Refrigerados Lucas S.L.U.
Componentes eléctricos Mérida S.L.
Pozos y perforaciones del Sur S.L.

CIF	Nombre	Dirección	Teléfono
B90909001	Rep. El Chispas S.L.	P.I. San Lorenzo, Nave 22	600111333
C09090902	Abonos Jaén S.A.	P.I. El Viso, Nave 15	953000111
B88998899	MercaSur 2013 S.A.	P.I. La Estrella, Nave 36	609999111

Por último, hay que saber que cada uno de los datos que contiene un registro no se almacena de la misma forma, al igual que para acceder a dichos datos tampoco se realiza de la misma manera. Por ejemplo, un dato almacenado en un disco duro, en un CD/DVD o en una cinta para copias de seguridad, en función del dispositivo y del tipo de almacenamiento, se procederá sobre él de diferente forma a la hora de rescatar la información que tenga. Los diferentes tipos de almacenamiento de información en ficheros son de acceso secuencial, directo y aleatorio, indexado o por direccionamiento calculado *(hash).*

2.1. Ficheros de acceso secuencial

El almacenamiento secuencial de información en ficheros se basa en una organización de sus registros por orden de llegada, siendo la manera más básica de organizar una serie de registros. En cuanto a su ordenación, estos pueden organizarse por el valor de su campo clave o de otro modo, de forma ascendente o descendente.

Forma de almacenar los datos

Como se puede observar en la siguiente imagen, el primer registro se coloca en la primera posición del fichero, el segundo a continuación del primero y así sucesivamente sin alterar este orden hasta llegar al final del fichero, final que vendrá marcado por el tamaño del dispositivo de almacenamiento utilizado. De este modo, la organización secuencial evita las posiciones vacías en un fichero. Siempre que se desee añadir un nuevo registro, este se colocará a continuación del que ocupara la última posición en ese momento, siempre que exista el espacio necesario. En caso de tratarse de un fichero secuencial con ordenación mediante su campo clave, la operación de inserción será un poco más tediosa dado que se deberá localizar la posición en la que almacenar dicho registro y abrir el hueco pertinente.

Ejemplo de fichero de acceso secuencial

Registro 1	Registro 2	Registro 3	...	...	...	Registro N-1	Registro N

Lectura, modificación y borrado de los datos

El modo de acceder a un registro concreto pasa por recorrer el fichero desde el primero de sus registros hasta el que se pretende localizar. De modo contrario a la inserción, la búsqueda de un registro en un fichero ordenado por un campo clave será más rápida y eficiente. Si no fuera este el caso, irá leyendo todos y cada uno de ellos de forma secuencial y comparándolos hasta localizar el deseado.

La actualización se realizará comenzando por localizar el registro en cuestión y realizando una copia de este en la memoria principal para modificarlo desde ahí; por último, reescribirá el fichero modificado sobre el original. Hay que pensar por un momento si el fichero a modificar se trata de uno con registros de longitud variable y este se actualiza en algún campo con más caracteres de los que tiene preestablecidos y se amplía su longitud. En este caso tendrá presentes dos operaciones en lugar de una: primero la eliminación de dicho registro y segundo la adición de otro con los nuevos datos.

Por último, la eliminación de registros en ficheros de organización secuencial la llevará a cabo efectuando la búsqueda del registro a eliminar, realizando una copia de este en la memoria principal desde la que se eliminará y, por último, reescribiendo el registro en el fichero. Esta operación dejará por cada registro eliminado un hueco en el fichero y que posteriormente deberá eliminar en operaciones de mantenimiento del fichero.

Actividades

4. Busque información en internet sobre ficheros de acceso secuencial.

Ventajas

Las principales ventajas del almacenamiento secuencial de información en ficheros son:

- **Optimización del espacio:** el almacenamiento secuencial de registros evita la existencia de espacio libre en el fichero.
- **Tiempos de acceso cortos al siguiente registro:** el acceso de un registro al siguiente se realiza con gran rapidez.
- **Poca complejidad:** los ficheros tienen poca complejidad dado que poseen estructuras sencillas, lo que los hace fáciles de usar. Es aconsejable en caso de requerir acceder a muchos de los registros y en mayor medida cuando se encuentran en posiciones consecutivas. Por ejemplo, recuperar datos en ficheros ordenados mediante el campo clave apellidos, de todos los clientes cuyo primer apellido comience por una letra específica.

Se puede hacer uso del almacenamiento secuencial sobre dispositivos de acceso secuencial como cintas magnéticas y de acceso directo como discos duros.

Actividades

5. Cite tres ejemplos de uso de un fichero de acceso secuencial.

Inconvenientes

Los principales inconvenientes del almacenamiento secuencial de información en ficheros son:

- Para realizar acciones como la actualización o el borrado es necesario el uso de ficheros auxiliares, con lo que resulta ineficiente.
- Requiere tareas extra de mantenimiento del fichero debido a las operaciones de actualización y eliminación de registros.

- Lentos accesos en búsqueda de registros, en mayor medida si son búsquedas de registros aleatorios y que no se rigen por ningún patrón.

Nota

Se deben realizar operaciones de mantenimiento para eliminar los posibles huecos que queden después de posibles eliminaciones de registros.

2.2. Ficheros de acceso directo

En este caso los registros se almacenan en una posición específica del fichero, que es obtenida mediante el valor del campo clave del registro. Este valor debe ser numérico. Por ejemplo, en un taller de reparaciones de vehículos en los que se almacenan los partes de trabajo por el número de expediente, siendo este un dato numérico que se incrementa en uno por cada reparación a realizar.

Forma de almacenar los datos

Al emplearse claves numéricas, la secuencia de almacenamiento coincide en su parte lógica, la correspondiente a los registros en el fichero, con su parte física, que corresponde a la ubicación de dichos registros en la memoria física del dispositivo de almacenamiento. Lo que es lo mismo, el valor de la clave del registro se corresponde con la posición física que ocupa en la memoria.

Ejemplo de fichero de acceso directo

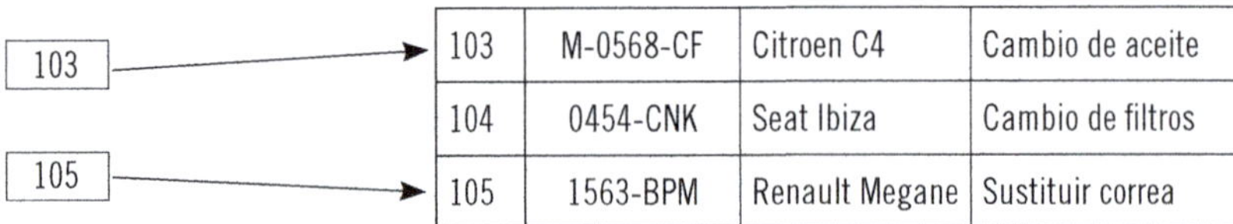

103	M-0568-CF	Citroen C4	Cambio de aceite
104	0454-CNK	Seat Ibiza	Cambio de filtros
105	1563-BPM	Renault Megane	Sustituir correa

Lectura, modificación y borrado de los datos

El acceso a un registro concreto lo realizará conociendo el valor de la clave de dicho registro y, al igual que ocurre a la hora de almacenar información, este lo llevará a cabo de forma directa en base a dicho valor. Esta operación se realiza de forma rápida y eficiente dado que no se recorre el fichero pasando previamente por ningún otro registro y realizando comparaciones.

En cuanto a la actualización, efectúela localizando el registro a modificar y realizando una copia de este en la memoria principal para modificarlo desde ahí; por último, reescriba el fichero modificado sobre el original. Al igual que ocurría en el modelo de almacenamiento de información en ficheros secuenciales debe tener en cuenta el problema que se comentó para el caso de ficheros con longitud variable.

La eliminación de un registro en ficheros de organización directa la llevará a cabo efectuando la búsqueda del registro a eliminar en función del valor numérico de su campo clave. Acto seguido realice una copia de este en la memoria principal desde la que se eliminará y por último reescriba el registro en el fichero. Esta operación dejará un hueco en el fichero correspondiente al registro eliminado.

6. Busque información en Internet sobre ficheros de acceso directo.

Ventajas

Las ventajas que ofrece el tipo de almacenamiento directo de información en ficheros son:

- Permite acceder al registro deseado de forma directa. Como consecuencia de esto se aligeran los tiempos de acceso a un registro, beneficio que se muestra no solo en la consulta de información sino también en operaciones de actualización y borrado.
- Optimización del espacio. El almacenamiento directo al realizarse en función del campo clave, siendo este un campo numérico, posee la ventaja de los ficheros secuenciales en cuanto a evitar la existencia de espacio libre en el fichero.
- Poca complejidad. Los ficheros tienen poca complejidad dado que poseen estructuras sencillas, lo que los hace fáciles de usar.

Inconvenientes

Los inconvenientes principales son:

- Solo se puede hacer uso del almacenamiento directo sobre dispositivos de acceso directo como discos duros, siendo por ejemplo imposible de utilizar una cinta magnética.
- Requiere tareas extra de mantenimiento del fichero debido a las operaciones de actualización y eliminación de registros.

Actividades

7. Cite tres ejemplos de uso de un fichero de acceso directo.

Recuerde

Si el fichero a modificar se trata de uno con registros de longitud variable y este se actualiza en algún campo con más caracteres de los que tiene preestablecidos se ampliará su longitud. Como consecuencia se deberá corregir realizando dos operaciones en lugar de una: la eliminación de dicho registro y la adicción de otro con los nuevos datos.

2.3. Ficheros de acceso indexado

Para acceder a un registro almacenado en un fichero de acceso indexado se cuenta con la ayuda de un fichero índice en el que aparecerá por cada registro su valor y la dirección de memoria en la que se encontrará almacenado el registro en el fichero de datos.

Para este tipo de organización de ficheros existen dos modalidades diferentes. La primera se trata de la organización secuencial indexada y la segunda, la organización indexada propiamente dicha. Como diferencia se tiene que en la primera de ellas tanto el fichero de índice como el fichero de datos se encuentran ordenados por el valor de su campo clave y en la segunda solo el fichero de índice se encuentra ordenado por el campo clave. Esta variación permite ordenar el fichero de datos por el campo del registro que se desee.

Ejemplo de fichero de acceso secuencial indexado

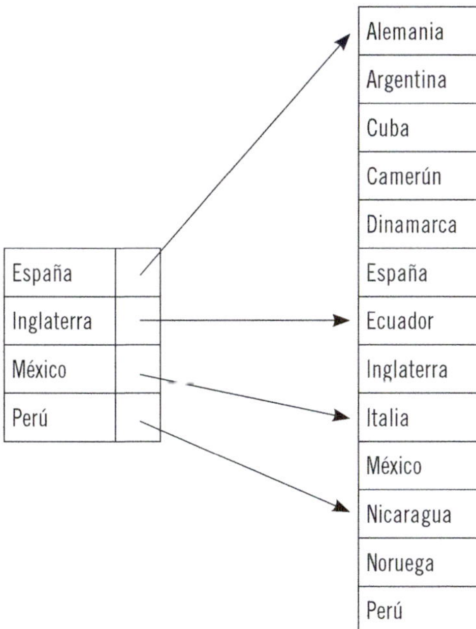

Para el caso de la variante de ficheros con organización indexada hay que observar las diferentes configuraciones de ordenación por las que puede optar.

Ejemplo de fichero de acceso indexado ordenado por país

Índice
Alemania
Argentina
Cuba
Camerún
Dinamarca
España
Ecuador
Inglaterra
Italia
México
Nicaragua
Noruega
Perú

PAÍS	CONTINENTE	HAB. (mill)
Noruega	Europa	5
Argentina	Amer. Sur	41
España	Europa	47
Italia	Europa	60
Dinamarca	Europa	5
Alemania	Europa	81
Camerún	África	21
Ecuador	Amer. Sur	15
Inglaterra	Europa	53
Nicaragua	Amer. Cent.	6
México	Amer. Cent.	112
Perú	Amer. Sur	30
Cuba	Amer. Cent.	11

A continuación, el mismo ejemplo anterior pero ordenado por número de habitantes.

Ejemplo de fichero de acceso indexado ordenado por número de habitantes

5
5
6
11
15
21
30
41
47
53
60
81
112

PAÍS	CONTINENTE	HAB. (mill)
Noruega	Europa	5
Argentina	Amer. Sur	41
España	Europa	47
Italia	Europa	60
Dinamarca	Europa	5
Alemania	Europa	81
Camerún	África	21
Ecuador	Amer. Sur	15
Inglaterra	Europa	53
Nicaragua	Amer. Cent.	6
México	Amer. Cent.	112
Perú	Amer. Sur	30
Cuba	Amer. Cent.	11

Forma de almacenar los datos

Para insertar datos en un fichero con organización indexada haga uso de una zona de la memoria denominada área de desbordamiento, en la que se almacenarán provisionalmente los registros añadidos al fichero de acceso indexado. Como se puede observar en la siguiente figura, el nuevo registro "Japón" será apuntado desde "Italia", que se corresponderá con el elemento inmediatamente anterior al nuevo registro.

Insertar datos en un fichero de acceso indexado

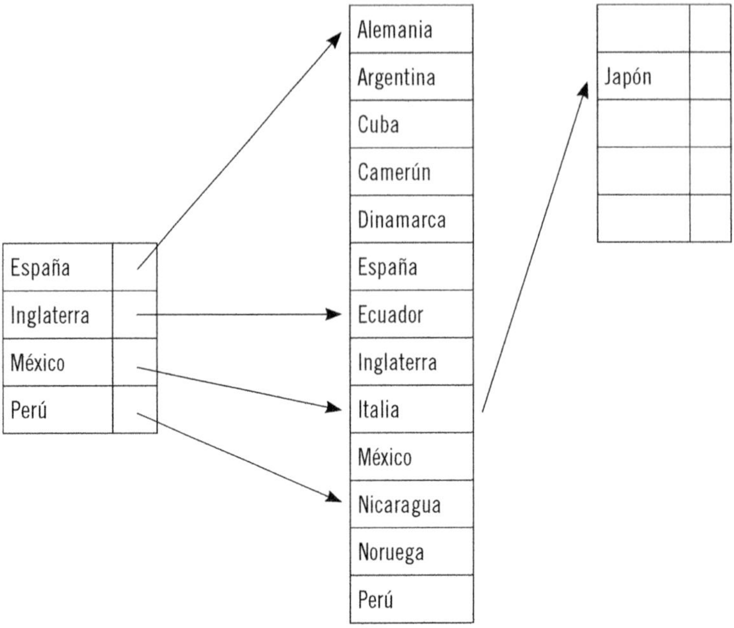

Si desea seguir añadiendo registros actúe de la misma forma teniendo en cuenta que un registro ubicado en el área de desbordamiento puede continuar el orden apuntando a otro localizado en el mismo área. Es decir, si se quisiera añadir el elemento "Lituania", este será apuntado desde el anteriormente insertado en el área de desbordamiento "Japón". Quedaría como aparece en la siguiente imagen:

Insertar datos en un fichero de acceso secuencial indexado

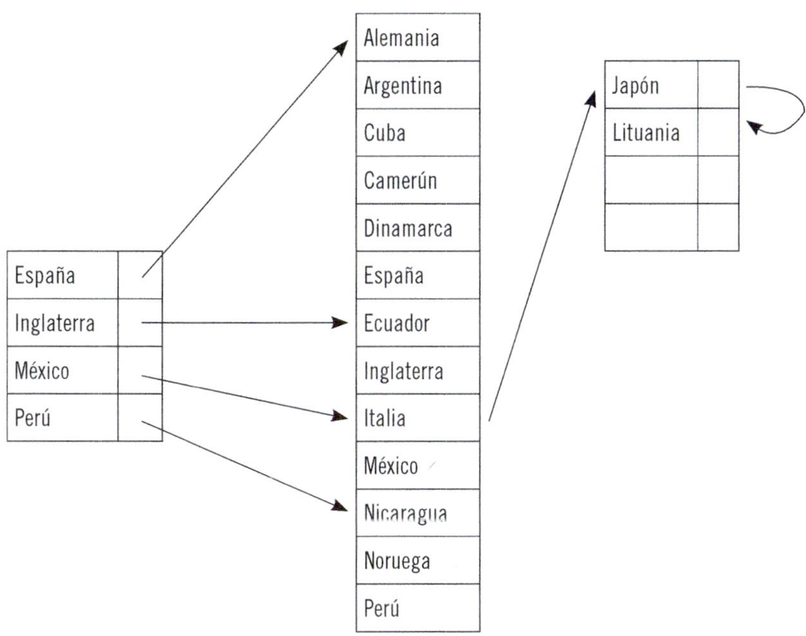

Lectura, modificación y borrado de los datos

Para acceder a un registro consulte previamente la tabla de índices para obtener la dirección de memoria en la que se encuentra almacenado. El fichero de datos puede estar estructurado por tramos, con lo que en algún caso puede que tenga que avanzar por los registros del fichero de datos desde la posición que le ha indicado el índice hasta localizar el registro deseado.

El fichero de índice ilustrado hasta el momento se compone de un solo nivel, en un caso ordenado por nombre y en otro por número de habitantes. Este es en realidad un fichero secuencial. Cuando se manejen miles de registros en el fichero se podrá crear otro fichero índice ordenado por el campo que se desee y así disponer de un índice de dos niveles. Consecutivamente se podrán añadir los niveles que necesite llegando a ser un fichero de acceso indexado multinivel.

Para actualizar un registro realice su búsqueda en el fichero índice y accederá directamente a su posición de memoria. Durante la actualización se puede provocar un cambio en la posición del registro en el fichero con lo que su dirección variará y tanto el fichero de datos como el de índice sufrirá cambios. Esto se debe a que se modifica el valor del campo por el que esté ordenado el fichero y puede solucionarse provisionalmente apuntando desde el registro modificado al siguiente elemento que le corresponda, aunque posteriormente en tareas de mantenimiento deberá volver a reorganizar el fichero, manteniendo su ordenación. En el caso de que la actualización no actúe directamente sobre el campo clave solo debe modificar el fichero de datos y no el de índice.

El mismo caso ocurre durante el borrado de un registro: se localiza el registro desde el fichero de índices, se accede a él y se elimina el registro desde el fichero de datos al igual que desde el índice.

Actividades

8. Busque información en internet sobre ficheros de acceso indexado.

Recuerde

En la organización secuencial indexada tanto el fichero de índice como el fichero de datos se encuentra ordenado por el valor de su campo clave. En cuanto a la organización indexada, solo el fichero de índice se encuentra ordenado por el campo clave con lo que puede ordenar el fichero de datos por el campo del registro que quiera.

Ventajas

Las principales ventajas son:

- La organización secuencial indexada posee las ventajas de la organización secuencial y directa por su ágil manejo de gran cantidad de información y accesos rápidos y directos a los registros con los que se trabaje.

- La organización secuencial indexada es eficiente tanto para consultas puntuales de información como para consultas de gran cantidad de información contenida en el fichero e incluso de consultas de la totalidad de los registros. Para este último caso, en el que se necesite leer un fichero completamente, se actuará al igual que para un fichero de acceso secuencial. En caso de requerir una consulta puntual será necesario obtener la posición de memoria del registro en el fichero de índice.

Actividades

9. Cite tres ejemplos de uso de un fichero de acceso indexado.

Inconvenientes

Los inconvenientes principales son:

- Este sistema solo puede utilizarse sobre dispositivos de acceso directo o aleatorio pero nunca secuencial.
- Se requiere de un mayor espacio de almacenamiento en disco que en otros modelos de almacenamiento de información en ficheros.
- Y el tiempo de acceso a los registros es considerable con respecto a otros modelos de almacenamiento de información en ficheros.

2.4. Aplicación práctica

Realice un ejemplo a modo de esquema en el que se muestre mediante un fichero índice de dos niveles y su correspondiente fichero de datos los datos almacenados de los diferentes equipos que hayan conseguido en alguna ocasión ganar la Liga de campeones o la Copa de Europa en su momento. El índice de primer nivel se corresponderá a todos los equipos ordenados de mayor a menor por el número de veces que han conseguido ser campeones y el segundo índice se corresponderá con el equipo de cada país que haya ganado el título más veces, ordenado alfabéticamente. Además de los citados campos, añada para el fichero de datos el número total de veces que estos han quedado campeones y subcampeones.

Nota: se puede basar en la siguiente tabla que muestra los equipos campeones por orden cronológico.

Temporada	Campeón	Subcampeón
1955/56	Real Madrid C. F.	Stade de Reims
1956/57	Real Madrid C. F.	A. C. F. Fiorentina
1957/58	Real Madrid C. F.	A. C. Milan
1958/59	Real Madrid C. F.	Stade de Reims
1959/60	Real Madrid C. F.	Eintracht Frankfurt F. AG
1960/61	S. L. Benfica	C. F. Barcelona
1961/62	S. L. Benfica	Real Madrid C. F.
1962/63	A. C. Milan	S. L. Benfica
1963/64	F. C. Internazionale	Real Madrid C. F.
1964/65	F. C. Internazionale	S. L. Benfica
1965/66	Real Madrid C. F.	F. K. Partizan
1966/67	Celtic F. C.	F. C. Internazionale
1967/68	Manchester United F. C.	S. L. Benfica
1968/69	A. C. Milan	A. F. C. Ajax
1969/70	Feyenoord	Celtic
1970/71	A. F. C. Ajax	P. A. E. Panathinaikós
1971/72	A. F. C. Ajax	F. C. Internazionale
1972/73	A. F. C. Ajax	Juventus F. C.
1973/74	F. C. Bayern München	Atlético de Madrid
1974/75	F. C. Bayern München	Leeds United F. C.
1975/76	F. C. Bayern München	A. S. Saint-Étienne
1976/77	Liverpool F. C.	Borussia Mönchengladbach
1977/78	Liverpool F. C.	Club Brugge K. V.
1978/79	Nottingham Forest F. C.	Malmö Fotbollförening
1979/80	Nottingham Forest F. C.	Hamburger S. V.

Continúa en página siguiente >>

<< Viene de página anterior

Temporada	Campeón	Subcampeón
1980/81	Liverpool F. C.	Real Madrid C. F.
1981/82	Aston Villa F. C.	F. C. Bayern München
1982/83	Hamburger S. V.	Juventus F. C.
1983/84	Liverpool F. C.	A. S. Roma
1984/85	Juventus F. C.	Liverpool F. C.
1985/86	F. C. Steaua Bucuresti	F. C. Barcelona
1986/87	F. C. do Porto	F. C. Bayern München
1987/88	Philips Sport Vereniging	S. L. Benfica
1988/89	A. C. Milan	F. C. Steaua Bucuresti
1989/90	A. C. Milan	S. L. Benfica
1990/91	F. K. Crvena Zvezda	Olympique de Marseille
1991/92	F. C. Barcelona	U. C. Sampdoria
1992/93	Olympique de Marseille	A. C. Milan
1993/94	A. C. Milan	F. C. Barcelona
1994/95	A. F. C. Ajax	A. C. Milan
1995/96	Juventus F. C.	A. F. C. Ajax
1996/97	B. V. Borussia	Juventus F. C.
1997/98	Real Madrid C. F.	Juventus F. C.
1998/99	Manchester United F. C.	F. C. Bayern München
1999/2000	Real Madrid C. F.	Valencia C. F.
2000/01	F. C. Bayern München	Valencia C. F.
2001/02	Real Madrid C. F.	Bayer Leverkusen F. GmbH
2002/03	A. C. Milan	Juventus F. C.
2003/04	F. C. do Porto	A. S. Monaco F. C.
2004/05	Liverpool F. C.	A. C. Milan
2005/06	F. C. Barcelona	Arsenal F. C.
2006/07	A. C. Milan	Liverpool F. C.
2007/08	Manchester United F. C.	Chelsea F. C.
2008/09	F. C. Barcelona	Manchester United F. C.
2009/10	F. C. Internazionale	F. C. Bayern München
2010/11	F. C. Barcelona	Manchester United F. C.
2011/12	Chelsea F. C.	F. C. Bayern München
2012/13	F. C. Bayern München	B. V. Borussia

Solución

Datos			
Aston Villa F. C.	Inglaterra	1	0
F. C. Bayern München	Alemania	5	5
F. K. Crvena Zvezda	Serbia	1	0
B. V. Borussia	Alemania	1	1
A. F. C. Ajax	Países Bajos	4	2
Manchester United F. C.	Inglaterra	3	2
F. C. Internazionale	Italia	3	2
S. L. Benfica	Portugal	2	5
Juventus F. C.	Italia	2	5
Nottingham Forest F. C.	Inglaterra	2	0
Celtic F. C.	Escocia	1	1
Hamburguer S. V.	Alemania	1	1
Real Madrid C. F.	España	9	3
F. C. Steaua BucuÇesti	Rumanía	1	1
Olimpique de Marseille	Francia	1	1
A. C. Milan	Italia	7	4
Chelsea F. C.	Inglaterra	1	1
Feijenoord Rotterdam	Países bajos	1	0
Liverpool F. C.	Inglaterra	5	2
Philips Sports Vereniging	Países Bajos	1	0
F. C. Barcelona	España	4	3
F. C. do Porto	Portugal	2	0

1º Índice
Real Madrid C. F.
A. C. Milan
F. C. Bayern München
Liverpool F. C.
F. C. Barcelona
A. F. C. Ajax
Manchester United F. C.
F. C. Internazionale
S. L. Benfica
Juventus F. C.
Nottingham Forest F. C.
F. C. do Porto
Celtic F. C.
Hamburger S. V.
F. C. Steaua Bucuresti
Olimpique de Marseille
B. V. Borussia
Chelsea F. C.
Feijenoord Rotterdam
Aston Villa F. C.
Philips Sports Vereniging
F. K. Crvena Zvezda

2º Índice
Real Madrid C. F.
A. C. Milan
F. C. Bayern München
Liverpool F. C.
A. F. C. Ajax
S. L. Benfica
Celtic F. C.
F. C. Steaua Bucuresti
Olimpique de Marseille
F. K. Crvena Zvezda

2.5. Ficheros de acceso por direccionamiento calculado *(hash)*

Al igual que ocurre con los ficheros de acceso directo, los registros se almacenan en una posición específica del fichero que es obtenida en este caso no simplemente por el valor de la clave sino por el resultado de aplicar un algoritmo a dicha clave. A esta clave se le conoce también como clave de direccionamiento calculado. El algoritmo determinará la posición de memoria en la que se localizará el registro, denominado como función de direccionamiento calculado. Esta operación de aplicar un algoritmo a la clave del registro se conoce como técnica hashing o direccionamiento calculado.

Forma de almacenar los datos

Como ya se ha expuesto, la posición de un registro en un fichero de acceso por posicionamiento calculado será dada por el valor devuelto al aplicar la clave de dicho registro en la función. A la hora de insertar un nuevo registro, se consultará el valor de su clave y se aplicará la función definida para tal caso que devolverá la posición.

La mayor dificultad que entraña la técnica hashing es el diseño de la función que calculará la posición que ocupará un registro en la memoria. El motivo principal es que dicha función pueda devolver valores de direcciones de memoria idénticos para valores de clave diferentes. Cuando ocurre este hecho se dice que ha ocurrido una colisión, y para solucionarlo se deberá buscar una posición alternativa a la que ya está ocupada.

Después de obtener la dirección de memoria para un registro concreto y comprobar que está vacía se procederá a realizar su copia en la memoria.

Ejemplo de fichero de acceso por direccionamiento calculado

103
104
105

f (X)

103	M-0568-CF	Citroen C4	Cambio de aceite
105	1563-BPM	Renault Megane	Sustituir correa
104	0454-CNK	Seat Ibiza	Cambio de filtros

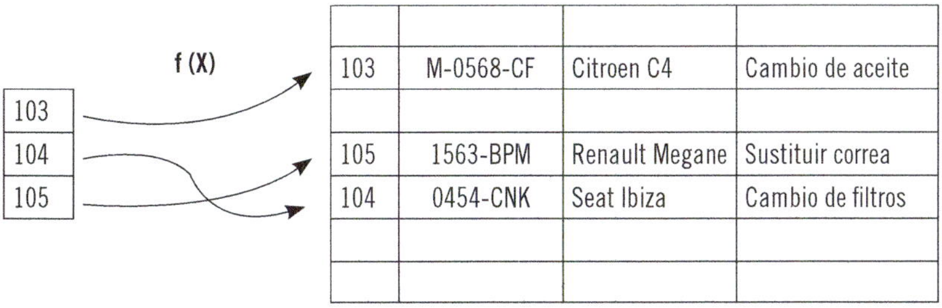

Lectura, modificación y borrado de los datos

La lectura de un registro se realizará conociendo el valor de la clave de dicho registro y aplicando la función de direccionamiento calculado y se llevará a cabo de forma directa en base a dicho valor. La operación de búsqueda se realizará de forma rápida y eficiente por el mismo motivo que en el caso de los ficheros de acceso directo, y es que para ello no se recorre el fichero pasando previamente por ningún otro registro y realizando comparaciones en cualquier campo del registro que se desee buscar.

Gracias a que al insertar un nuevo registro este se ubica en la memoria de manera dispersa, no se requieren operaciones de mantenimiento posteriores a la modificación y eliminación de ellos con el fin de ordenar los registros en función del campo clave de estos o eliminar los huecos dejados por estos respectivamente.

La actualización se realizará al igual que ocurría en ficheros de acceso directo: primero, localice el registro a modificar, segundo, realice una copia de este en la memoria principal para modificarlo desde ahí y, por último, reescriba el fichero modificado sobre el original.

En cuanto a la eliminación de un registro en ficheros de direccionamiento calculado, lleve a cabo en primera instancia la búsqueda del registro a eliminar en función de la dirección devuelta por la función *hash*. Seguidamente realice una copia de este en la memoria principal desde la que se eliminará y, por último, reescriba el registro en el fichero.

Actividades

10. Busque más información en Internet sobre ficheros de acceso por direccionamiento calculado *(hash)*.

Ventajas

Las principales ventajas son:

- El tipo de almacenamiento por direccionamiento calculado permite acceder al registro deseado de forma directa. Como consecuencia de esto se aligeran los tiempos de acceso a un registro, beneficio que se muestra no solo en la consulta de información sino también en operaciones de actualización y borrado.
- Los ficheros tienen poca complejidad dado que poseen estructuras sencillas, lo que los hace fáciles de usar.
- No requiere tareas extra de mantenimiento del fichero debido a que los registros se almacenan de forma dispersa y no son necesarias las operaciones de actualización y eliminación de registros.

Inconvenientes

Los principales inconvenientes son:

- Optimización del espacio: el almacenamiento por direccionamiento calculado no optimiza el uso de la memoria al realizarse en función de un algoritmo que calcula la posición de memoria en función del campo clave del registro. La mayor dificultad se tiene a la hora de diseñar este algoritmo y cuyo objetivo radica en que trabaje de la forma más eficiente posible y establezca una distribución homogénea de los registros en memoria.
- Solo se puede hacer uso del almacenamiento directo sobre dispositivos de acceso directo como discos duros, siendo por ejemplo imposible de utilizar una cinta magnética.

Actividades

11. Cite tres ejemplos de uso de un fichero de acceso por direccionamiento calculado *(hash)*.

Recuerde

En un fichero de acceso por direccionamiento calculado o *hash* la clave de un registro se conoce también como clave de direccionamiento calculado. En cuanto a la función o algoritmo que determinará la posición de memoria en la que se localizará el registro esta se denomina función de direccionamiento calculado.

2.6. Aplicación práctica

Piense en varios criterios en los que se pueda apoyar para diseñar una función hash e ilustre alguno de ellos con un ejemplo.

Solución (Propuesta)

Además de los evidentes órdenes alfabéticos, ascendentes, descendentes o por antigüedad, para el caso de las fechas existen otros como, por ejemplo, la función MOD, que devuelve el resto de dividir dos números, como el número total de registros por la posición que este ocupa en el fichero. Otro posible caso sería el de convertir el primer carácter de algún campo a su número decimal ASCII correspondiente; si este ejemplo le parece que puede provocar colisiones al poder existir por ejemplo dos registros que comiencen dicho campo por la misma letra, realice la suma de todos los caracteres del nombre para evitarlo.

En la siguiente tabla podrá ver cada una de las equivalencias de los caracteres que forman cada uno de los datos y la suma de ellos.

Seat	83+101+97+116	397
Renault	82+101+110+97+117+108+116	731
Audi	65+117+100+105	400
Opel	79+112+101+108	387

A continuación, se muestra el esquema del fichero; en primer lugar aparece el índice con las posiciones de memoria ordenadas de menor a mayor y acto seguido los datos en las posiciones de memoria correspondientes.

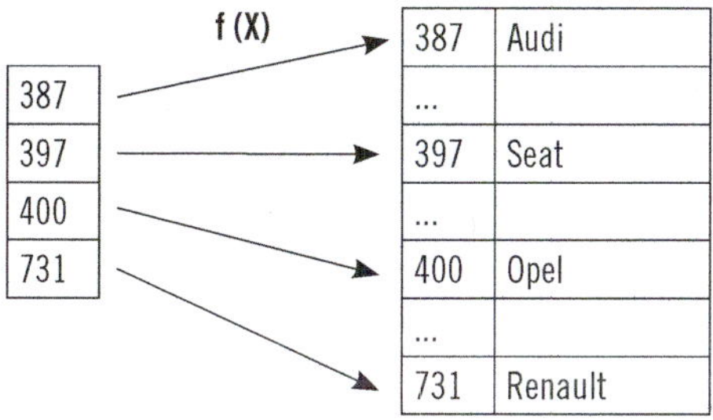

3. Resumen

Un registro es la disposición que toman los datos almacenados para un mismo sujeto y que están relacionados entre sí. Cada uno de los datos que almacena el registro relacionados con el sujeto en cuestión se conoce como campo. El campo clave es un campo especial que tiene como misión la de diferenciar a un registro del resto.

Un fichero es una estructura de almacenamiento de datos en la que se encuentran todos los registros relacionados con la información sensible de almacenar. No todos los registros poseen la misma estructura, existiendo diferentes tipos de registros en función de su longitud. Se tienen registros de tamaño fijo, en ellos se mantiene el número total de campos además del tamaño de los mismos y también existen los registros de tamaño variable dado que este no está definido.

El almacenamiento secuencial de información en ficheros se basa en una organización de sus registros por orden de llegada, siendo la manera más básica de organizar una serie de registros. En cuanto a su ordenación, estos pueden ordenarse por el valor de su campo clave o de otro modo, de forma ascendente o descendente.

En el almacenamiento directo, los registros se almacenan en una posición específica del fichero que es obtenida mediante el valor del campo clave del registro, este valor debe ser numérico. Para acceder a un registro almacenado en un fichero de acceso indexado se cuenta con la ayuda de un fichero índice, en el que aparecerá por cada registro su valor y la dirección de memoria en la que se encontrará almacenado el registro en el fichero de datos.

Para un fichero de acceso por direccionamiento calculado, los registros se almacenan en una posición específica del fichero, que es obtenida en este caso por el resultado de aplicar un algoritmo a dicha clave. A esta clave se le conoce también como clave de direccionamiento calculado. El algoritmo determinará la posición de memoria en la que se localizará el registro denominado como función de direccionamiento calculado. Esta operación de aplicar un algoritmo a la clave del registro se conoce como técnica hashing o direccionamiento calculado.

Ejercicios de repaso y autoevaluación

1. Indique si las siguientes afirmaciones son verdaderas o falsas:

a. Las tarjetas en las que originariamente se almacenaba la información eran de papel.

- ☐ Verdadero
- ☐ Falso

b. Las tarjetas en las que originariamente se almacenaba la información no se podían actualizar.

- ☐ Verdadero
- ☐ Falso

c. El lugar en el que se almacenaban las tarjetas en las que originariamente se guardaba la información se denominaban archivadores.

- ☐ Verdadero
- ☐ Falso

2. ¿En cuál de los siguientes tipos de ficheros se almacena la información por orden de llegada?

a. Ficheros de acceso secuencial.
b. Ficheros de acceso directo.
c. Ficheros de acceso indexado.
d. Ficheros de acceso por direccionamiento calculado *(hash)*.

3. ¿Cuál es el mayor problema que se puede encontrar en los ficheros de acceso por direccionamiento calculado *(hash)*?

____

____

____

____

4. Complete la siguiente oración:

Para ___________ datos en un fichero con organización indexada se hará uso de una zona de la memoria denominada ___________ en la que se almacenarán ___________ los registros añadidos al fichero.

5. ¿Con cuál de los siguientes tipos de ficheros se relaciona el concepto de colisión?

a. Ficheros de acceso secuencial.
b. Ficheros de acceso directo.
c. Ficheros de acceso indexado.
d. Ficheros de acceso por direccionamiento calculado *(hash).*

6. ¿Cuántos niveles de índice puede tener un fichero de acceso indexado?

a. Uno
b. Dos
c. Los que necesite
d. Ninguno

7. ¿En qué tipo de fichero no se requieren operaciones de mantenimiento?

a. Ficheros de acceso secuencial.
b. Ficheros de acceso directo.
c. Ficheros de acceso indexado.
d. Ficheros de acceso por direccionamiento calculado *(hash).*

8. ¿Cuál de las siguientes características no es una ventaja de los ficheros de acceso secuencial?

a. Tiempos de acceso cortos al siguiente registro.
b. Poca complejidad.
c. Uso sobre dispositivos de acceso secuencial como de acceso directo.
d. No se recomienda en caso de requerir acceder a muchos de los registros.

9. En cuanto a los ficheros de almacenamiento secuencial, estos se pueden realizar sobre dispositivos...

a. ... solo de acceso secuencial.
b. ... solo de acceso directo.
c. ... tanto de acceso secuencial como directo
d. ... que no sean ni de acceso secuencial ni directo.

10. Indique si las siguientes afirmaciones son verdaderas o falsas:

a. Un disco duro es un dispositivo de acceso directo.

☐ Verdadero
☐ Falso

b. Una cinta magnética es un dispositivo de acceso tanto secuencial como directo.

☐ Verdadero
☐ Falso

11. Complete la siguiente oración:

El almacenamiento secuencial de ____________ evita la existencia de ____________ en el fichero.

12. Defina los conceptos de campo y campo clave para explicar sus diferencias.

____
____
____
____

13. El hecho de requerir tareas extra de mantenimiento del fichero debido a operaciones de actualización y eliminación de registros es:

a. Una ventaja.
b. Un inconveniente.

14. ¿Por qué los ficheros de acceso por direccionamiento calculado no requieren operaciones de mantenimiento?

____

____

____

____

15. Complete la siguiente oración:

El almacenamiento por direccionamiento calculado ___________ optimiza el ___________ al realizarse en función de un algoritmo que calcula la ___________ de memoria en función del ___________ del registro.

Capítulo 2

Almacenamiento en SGBD

Contenido

1. Introducción

En esta unidad se va a estudiar una nueva herramienta con la que almacenar, gestionar y consultar los datos, que originariamente se manipulaban mediante ficheros. Con el afán de solucionar los problemas que existían al trabajar con ficheros surgieron las bases de datos, así como el Sistema Gestor de Bases de Datos o SGBD, y las diferentes opciones que existen en el mercado orientadas a un ámbito concreto y a un volumen de datos diferente.

Por otro lado, destaca el papel de los diferentes tipos de usuarios que de una forma u otra, directa o indirecta, hacen uso de los SGBD. Durante el análisis de dichos sistemas es importante comprender qué elementos los componen así como sus características y funciones principales.

Al estudiar un SGBD se puede comprobar las diferencias existentes en cuanto al tratamiento de la información con respecto al uso de ficheros para el mismo fin. Para ello hay que destacar tanto las ventajas como los inconvenientes de manipular información con ficheros a hacerlo con un SGBD.

Por último, es importante aprender a diferenciar los distintos tipos de SGBD, realizando una clasificación de los mismos apoyándose en el modelo en el que se basan sus datos.

2. Definición de SGBD

Para aprender lo que es un SGBD correctamente hay que tener claro el concepto de base de datos, que a continuación se explica en detalle.

2.1. Base de datos

Alrededor de los años 60 surge un nuevo concepto relacionado directamente con el tratamiento de la información y que revolucionará tanto el almacenamiento de los datos como su administración y consulta. Se trata de las bases de datos.

Definición

Base de datos

Conjunto de datos interrelacionados y no redundantes que se estructuran de forma independiente en cuanto a su uso e implementación, facilitando a los usuarios un acceso concurrente a unos datos que cumplen ciertas restricciones de integridad.

Hay que destacar las siguientes características fundamentales de las bases de datos, que se deben conocer en detalle.

Conjunto de datos no redundante

Se establece que los datos no deben repetirse dentro de la base de datos, tratando de evitar la redundancia e inconsistencia de estos. Hay que pensar por ejemplo que si hay que acceder a los datos de un empleado para buscar su número de teléfono y al hacerlo están en tres lugares diferentes de la base de datos, esto provocará dudas a la hora de confiar en dicha información, además de los evidentes problemas a la hora de actualizar y mantener la base de datos; por lo tanto, si se necesita actualizar dicho teléfono se tendría que hacer en todos los sitios encontrados.

Interrelacionados

Los datos almacenados deben poseer alguna relación. Por ejemplo, en la base de datos de un hospital se almacenan los datos referentes a los médicos que trabajan en él, a los pacientes ingresados y los diagnósticos, por lo tanto, cada diagnóstico será emitido por un médico sobre un paciente, ambos contenidos en la base de datos.

Actividades

1. Exponga dos ejemplos de datos interrelacionados en una base de datos.

Organización independiente

Los datos se almacenan en la memoria de manera diferente entre la forma de usar los datos y de su implementación. Hay que recordar que en el modelo de almacenamiento en ficheros los datos se organizaban en función de su uso.

Acceso concurrente

En un sistema de bases de datos, los datos son accesibles a múltiples usuarios. Hay que imaginar por un momento que dos de ellos intentan acceder al precio de un artículo realizando sobre él diferentes operaciones, uno puede estar modificando el precio de venta y otro añadiéndolo a una factura. Como es evidente se producirán errores con nefastas consecuencias para la empresa. Para paliar este hecho se realizan controles de concurrencia, facilitando accesos simultáneos de diferentes usuarios sincronizando las operaciones realizadas sobre los datos.

Restricciones de integridad

Existe la posibilidad de definir ciertos requisitos sobre los datos denominados restricciones de integridad, que estos deben cumplir en todo momento. Por ejemplo, para garantizar la eficacia a la hora de servir los productos solicitados por los clientes, una empresa establece que no se pueden realizar pedidos sobre artículos que estén a cero en el *stock* del almacén, con lo que no podría insertar dicho artículo en la hoja de pedido. Las restricciones de integridad no solo afectan a operaciones de inserción sino también a modificación o borrado. Por ejemplo, no se podría modificar la fecha de nacimiento de un usuario de un gimnasio si este es menor de catorce años o si el dato introducido es superior a la fecha actual; por otro lado, tampoco se podría eliminar un cliente que tenga facturas a su nombre. Las restricciones de integridad se definen por la empresa u organización y se establecen durante la creación de la base de datos.

Ilustración que representa una base de datos.

Nota

A la hora de ilustrar una base de datos en un esquema se utiliza un cilindro con varias secciones claramente diferenciadas.

Actividades

2. Exponga dos ejemplos de restricciones de integridad para la información almacenada en una base de datos.

2.2. Sistemas gestores de bases de datos

Una vez entendido el concepto de bases de datos hay que saber que a estas no se accede de manera directa sino mediante un *software* especial. Este *software* es lo que se conoce como Sistema Gestor de Base de Datos o bien SGBD. Este término es muy común encontrarlo además bajo las siglas *DBMS,* provenientes del inglés de los términos *DataBase Management System.*

Un SGBD proporciona del mismo modo a usuarios finales como a administradores y personal cualificado en general los mecanismos para definir, consultar y mantener la información existente en la base de datos. Además de esto se realizará garantizando las restricciones de integridad y seguridad definidas.

Por otro lado, además de gestionar la base de datos, el SGBD proporcionará la interfaz gráfica en la que el usuario se apoyará para acceder a los datos, permitiendo las operaciones anteriormente expuestas. Este hecho garantiza la seguridad de la información puesto que no se accede directamente a ella a menos que sea mediante el SGBD.

El SGBD realiza para el usuario una separación de la información totalmente funcional entre la parte lógica y física de la misma. Será el encargado de ubicar en memoria los diferentes datos que el usuario inserte desde la interfaz del SGBD sin que este tenga la preocupación de dónde se colocarán en dicha memoria.

Sistema gestor de bases de datos

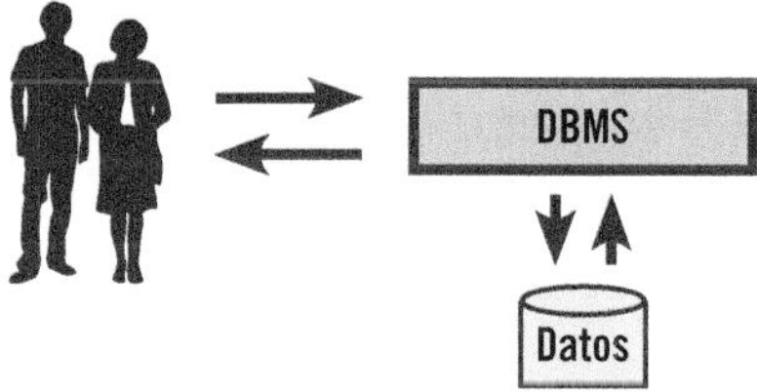

A la hora de personalizar y hablar de una base de datos concreta se suele hacer en referencia al SGBD.

Por el momento no se apure sino ha oído nunca los términos Oracle o MySQL por ejemplo, se tratan de conocidos SGBD que conocerá en el apartado siguiente y a los que se suele hacer referencia en relación al argumento explicado con anterioridad del modo, la base de datos Oracle o la base de datos MySQL.

Recuerde

Un SGBD es el *software* que facilitará al usuario definir consultar y mantener la información de una base de datos, proporcionando la interfaz necesaria para ello y garantizando las restricciones de integridad y seguridad definidas.

A modo de resumen, las operaciones básicas que realiza un SGBD en base a dos criterios son las siguientes:

- Operaciones que conciernen a todos los datos:
  - Creación de estructuras.
  - Alteración de estructuras.
  - Restricciones de integridad.
  - Consultas totales de datos.
- Operaciones que afectan a un conjunto concreto de datos:
  - Insertar datos.
  - Consultar datos concretos.
  - Modificar datos.
  - Eliminar datos.

3. Identificación de diversos SGBD del mercado, desde los orientados para uso personal a los profesionales

En el mercado existe multitud de SGBD orientados a distintos propósitos. Se podrán clasificar en función a diferentes criterios como el ámbito de uso, ya sea personal o empresarial, que suele ir relacionado al coste del *software,* así como en función a la cantidad de ciertos parámetros permitidos, como el número de usuarios, volumen de almacenamiento e incluso en función de su distribución.

A continuación, se van a especificar algunos detalles para cada una de las posibles clasificaciones que se puede encontrar para un SGBD en el mercado atendiendo a diferentes criterios.

Según el propósito

Un SGBD puede estar orientado a diferentes propósitos, entre ellos se pueden encontrar los siguientes.

De propósito general

Un SGBD de propósito general será adaptable a cualquier tipo de aplicación software, sacrificando por ello la eficiencia máxima que pueda ofrecer.

Orientado a un propósito específico

En cuanto a un SGBD de propósito específico se evidencia que dicho sistema ha sido construido para una única aplicación, siendo imposible hacer uso de él en cualquier otra. Este hecho determina que el rendimiento esperado por dicho SGBD debe ser máximo.

Como ejemplo, se puede pensar en un SGBD diseñado para almacenar y gestionar el stock de una tienda de fruta para el primer tipo y otro orientado a almacenar y gestionar las reservas de los billetes de AVE para el segundo. Un SGBD de propósito general podrá ser utilizado no solo para diferentes fruterías sino que podrá adaptarse para otro objeto de negocio como pueda ser una mercería o una tienda de ropa. Sin embargo, un SGBD que gestione la información de reservas del AVE no podrá ser utilizado en otras líneas de negocio.

Actividades

3. Señale dos ejemplos de SGBD de propósito general y otros tantos de propósito específico.

Según el número de usuarios a los que atiende

Un SGBD se puede clasificar en función del número de usuarios que lo utilicen, entre ellos se puede hacer la siguiente distinción.

Para un único usuario

Este tipo de SGBD se destina a un ámbito personal y solo proporciona acceso a un único usuario a la vez.

Para varios usuarios

En este caso el SGBD permitirá el acceso concurrente a la base de datos a diferentes usuarios al mismo tiempo. Dentro de este criterio se clasifican la mayoría de los SGBD del mercado.

A modo de ejemplo, un SGBD monousuario puede ser una aplicación destinada a gestionar una videoteca personal, permitiendo almacenar todas las películas que se posea definiendo las características de estas. Por otro lado, para un SGBD multiusuario podrá tener como ejemplo el orientado a organizar los libros de una biblioteca pública.

Actividades

4. Señale dos ejemplos de SGBD monousuario y otros dos del tipo multiusuario.

Según el coste

Otra posible clasificación de SGBD se cierne sobre su coste, entre ellos se encontrarán los siguientes rangos.

Gratuitos

Se tienen SGBD de diferentes y variados precios, pero no hay que olvidar que existen algunos de carácter gratuito que pueden llegar a ser los idóneos según para qué finalidad. Estos podrán tener algún tipo de restricción en cuanto a tamaño de almacenamiento o número de usuarios para acceso concurrente, pero puede que alguna de estas características no impliquen grandes inconvenientes.

Hasta 3.000 €

Entre los más económicos y ya orientados a un ámbito empresarial se tienen SGBD hasta aproximadamente 3.000 €. Hasta este punto se trata de SGBD de pocas restricciones hardware en cuanto a instalación.

Hasta 100.000 €

Por el contrario, la mayoría de SGBD pueden llegar a alcanzar la cifra de los 100.000 €. En este caso se pueden encontrar diferentes requerimientos *software* más exigentes.

Superiores a 100.000 €

Por último, existen otros SGBD que superan esta cifra y están orientados a aplicaciones con un volumen de datos muy superior, en los que características como la rapidez de acceso, eficiencia y seguridad pueden ser cruciales.

Ejemplo

El SGBD orientado a almacenar una videoteca puede ser libre de costes; sin embargo el SGBD que gestione las reservas del AVE puede superar los 100.000 € con facilidad.

Actividades

5. Busque dos ejemplos de SGBD gratuitos y otros dos con algún tipo de coste.

Según su ubicación

Además de las ya expuestas, un SGBD puede estar clasificado en función de su ubicación, diferenciando entre centralizados y distribuidos.

Centralizados

Un SGBD se dice que es centralizado cuando tanto él como sus datos se encuentran en un único equipo. Pueden existir aplicaciones software e incluso el mismo navegador de Internet que faciliten el acceso a dichos datos desde cualquier máquina, haciendo las labores de interfaz entre usuario y datos además de permitir accesos concurrentes. A pesar de esto, tanto datos como SGBD se encontrarán en un mismo equipo.

Distribuidos

En los SGBD distribuidos, los datos y el propio SGBD no se ubican en la misma localización física e incluso tampoco en la misma localización geográfica, sino que están en diferentes lugares. Los SGBD distribuidos deberán estar conectados mediante algún tipo de red interna o a lo sumo la red de Internet.

De la misma forma que en casos anteriores, los posibles ejemplos de esta clasificación se pueden haber utilizado en otras. De este modo se tiene que el SGBD utilizado por una tienda de consumo de barrio se encontrará en la misma máquina que los propios datos, teniendo un acceso monousuario. Sin embargo, si se trata de un gran supermercado con ámbito de ventas a escala nacional esto no será así.

6. Comente dos ejemplos de SGBD centralizados y otros dos distribuidos.

En función de su modelo de datos

Se trata de uno de los principales criterios de clasificación de un SGBD puesto que se fundamenta en el modelo lógico de datos. Entre los más empleados existen los modelos relacional, orientado a objetos, jerárquico y en red.

Los SGBD en el mercado

Debido a la multitud de SGBD existentes sería imposible reunir a todos en un solo apartado e incluso en un solo libro. Entre los diferentes SGBD se va a elegir un conjunto de ellos para describir sus características más elementales. En la selección se encontrarán desde SGBD gratuitos hasta propietarios, y entre todos estos orientados tanto a uso personal como profesional.

MySQL

Se trata de un SGBD relacional que en la actualidad es propiedad de Oracle Corporation. Está amparado tanto por la licencia *GNU GPL* de software libre para su uso como por una licencia de carácter propietario para quienes lo deseen incorporar en software propio. En la actualidad, se encuentra en su versión 8.4, denominándose su versión libre *MySQL Community Edition.* Por otro lado, entre las de pago se encuentran *MySQL Standard Edition, MySQL Enterprise Edition y MySQL Cluster Carrier Grade Edition.*

Nota

La licencia GNU, *General Public License,* en español Licencia Pública General de GNU, es aquella que otorga al usuario de un *software* a usarlo libremente, compartirlo e incluso modificarlo.

Entre sus propiedades se caracteriza por ser multiusuario a la vez que ágil, sólido y sencillo de manejar. Entre otros propósitos es apropiado para hacer uso de él en un entorno web que proporcione múltiples accesos. Su combinación con el lenguaje PHP hace que muchos desarrolladores web lo elijan para sus proyectos en entornos de Internet, aunque su relación no se centra solo con este lenguaje sino que otros, como, por ejemplo, Java, C, C++, C# o Delphi hacen de *MySQL* un buen compañero de trabajo.

Para que un lenguaje de programación trabaje conjuntamente con *MySQL* se requiere la instalación de un *driver* como *ODBC* o *Open DataBase Connectivity,* que permite acceder a la información de la base de datos desde cualquier aplicación. En concreto, para el lenguaje de programación Java este driver se denomina *JDBC* o *Java DataBase Connectivity.*

Por otro lado, *MySQL* se trata de una aplicación multiplataforma entre las que destacan los sistemas *Windows, Linux, Mac* o *Solaris.*

Logotipo de MySQL

7. Busque información en internet sobre el *SGBD MySQL* y comente sus distintas versiones.

Microsoft Access

Es un SGBD desarrollado por Microsoft y de carácter propietario, por norma general se distribuye junto a su suite ofimática *Microsoft Office,* que en la actualidad se encuentran ambas en la versión en la nube denominada *Microsoft 365.*

Microsoft Access permite crear rápidamente aplicaciones de base de datos basadas en exploradores que pueden ayudar a llevar la gestión de una pequeña empresa.

Por su acotada potencia se puede catalogar como un SGBD de ámbito doméstico o para la pequeña empresa, que proporciona una serie de plantillas predefinidas que agilizarán la creación de los objetos de la base de datos como tablas, formularios o informes. En su versión *Microsoft 365* se incluye como característica principal el alojamiento y uso en la nube.

Aunque se trata de un sistema cerrado en el que la conjunción con otros sistemas se antoja complicada, se requiere de la instalación del *driver ODBC* para su uso con otros productos como hojas de cálculo, desarrollados también con *software* de Microsoft.

Nota

Para realizar la compra de *Microsoft Access* u obtener más información acerca del producto acceda a la dirección <http://office.microsoft.com/es-es/access/>.

Para proyectos de ámbito empresarial más exigentes Microsoft posee otro producto, *Microsoft SQL Server.*

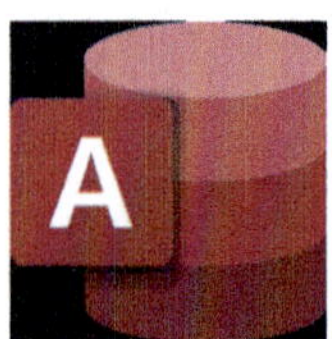

Logotipo de Microsoft Access

Actividades

8. Busque información en Internet sobre el *SGBD Microsoft Access* y señale sus distintas versiones.

Microsoft SQL Server

SQL Server, también desarrollado por *Microsoft* al igual que *Access,* es un SGBD relacional que proporciona una interfaz gráfica mediante la cual administrar una base de datos. En su última edición, *SQL Server 2022* se presenta junto con sus versiones en la nube: *SQL Server en Azure, SQL Server perimetral* y *SQL Server* en entorno local.

Este SGBD se recomienda para sistema informáticos que necesiten mantener la confianza en momentos críticos y cuando se realicen cargas de trabajo en exceso persistiendo sus niveles de seguridad. Por otro lado, la exploración y visualización de los datos es rápida y cómoda.

En esta última versión se añade la característica de sincronización de datos en la nube, mejorando la productividad de sus aplicaciones y permitiendo el acceso desde cualquier lugar.

Nota

Para realizar la compra de de *Microsoft SQL Server* u obtener más información acerca del producto acceda a la dirección <http://www.microsoft.com/es-xl/sqlserver>.

Logotipo Microsoft SQL Server

Actividades

9. Busque información en Internet sobre el *SGBD Microsoft SQL Server* y sus distintas versiones.

Oracle

Oracle es un SGBD relacional desarrollado por *Oracle Corporation*, que en la actualidad se encuentra en su versión *Oracle Database 23ai*, así como la versión gratuita *Oracle Database XE* y *Oracle Database 23c*.

Nota

Oracle Corporation es una de las mayores compañías de *software* del mundo, y sus productos van desde bases de datos como Oracle hasta sistemas de gestión.

Oracle Database Express Edition puede ser implementada y distribuida libre de cargos, puede descargarse directamente de la web del desarrollador y es fácil de administrar. Es un excelente SGBD orientado tanto para desarrolladores que trabajen con PHP, Java o .NET y sobre aplicaciones de código abierto como para ámbitos educativos y estudiantes que requieren de un SGBD para su aprendizaje.

A continuación, se exponen las características más significativas de este sistema.

Seguridad

Los mecanismos de seguridad de *Oracle* permiten controlar el acceso a datos protegidos mediante una gran cantidad de privilegios.

Los derechos que se conceden permiten a los usuarios ver, crear y modificar datos basándose en el nombre que han usado para conectarse a la base de datos. Con este sistema se garantiza que usuarios con permisos puedan acceder a datos que estarán prohibidos para usuarios sin ese privilegio.

Copia de seguridad y recuperación

Oracle proporciona herramientas para la copia de seguridad y la recuperación. La copia de seguridad crea una segunda copia de los datos de interés y la recuperación restaura los datos a partir de ser nombrada copia de seguridad. Con este sistema disminuye el riesgo de pérdida de datos y el tiempo de inactividad en caso de tener la obligación de realizar restauraciones.

Gestión del espacio

Oracle posee una gestión flexible del espacio. Existe la posibilidad de determinar el espacio en disco para el almacenamiento de los datos y reservar espacio para futuros requerimientos.

Conectividad

Oracle abastece al cliente con un acceso ininterrumpido a la base de datos durante todo el día. Se puede interactuar con información residente en otros sistemas de información como *Sybase, DB2,* etc. También proporciona la utilidad de acceder a los datos en Oracle desde otras aplicaciones de gestión.

Herramientas de desarrollo

Oracle proporciona una amplia gama de herramientas de desarrollo, herramientas de consulta, aplicaciones listas para usar y herramientas de gestión de la información empresarial.

Nota

Para realizar la descarga, compra de Oracle así como para obtener más información acerca del producto acceda a la dirección: <https://www.oracle.com/es/database/>.

Logotipo de Oracle

Actividades

10. Además de los diferentes SGBD que se han citado en este apartado, busque tres ejemplos de otros, ya sean gratuitos o no.

4. Descripción breve de los distintos roles de usuario que emplean los SGBD con carácter general

En este momento dispone de los conocimientos necesarios para contestar a la pregunta de qué es un SGBD y poner algún ejemplo de los que existen en el mercado. En el apartado anterior se realizó una clasificación de los diferentes tipos de SGBD y se hablada de la característica que tienen estos de ser *multiusuario.*

Como cabe de esperar se entiende que un SGBD puede ser utilizado por varios usuarios, pero se plantean las siguientes preguntas: ¿son todos los usuarios iguales?, ¿tienen los mismos permisos? y ¿podrán todos hacer uso de la misma información?

Para realimentar el debate planteado con las preguntas anteriores, hay que pensar por un momento en una aplicación informática que proporcione acceso a determinada información gracias al trabajo conjunto con un SGBD. Dicha aplicación se utiliza por ejemplo para gestionar las operaciones básicas que se realizan en un supermercado como la inserción de nuevos productos, actualización del *stock* de productos recibidos, eliminación de productos descatalogados o simplemente la consulta del *stock* de alguno de ellos. Un trabajador cuyo puesto de trabajo sea el de pasar los artículos por caja y cobrar a los clientes el importe de los mismos, ¿podrá desde su puesto informático introducir los pedidos recibidos en el almacén o tener acceso a las ventas del mes? Probablemente este trabajador solo tenga acceso a la consulta de artículos para conocer su precio e introducirlos en las diferentes facturas que vaya realizando, a la vez que indirectamente actualice el *stock* de los mismos a su paso por caja y dejando otros tipos de operaciones a encargados de almacén e incluso al gerente del supermercado. Con este ejemplo se puede observar la notable distinción que se aprecia en el acceso a la información entre los diferentes roles que existen en una empresa u organización.

El rol en un SGBD es una agrupación de permisos que pueden ser asignados a los usuarios en función de las necesidades de estos. En un SGBD existen diferentes tipos de roles que facilitarán al usuario que los posea poder realizar o no ciertas funciones sobre los datos.

En un SGBD existen diferentes tipos de usuarios como se ha podido comprobar en función del cargo o puesto de trabajo en la organización. Cada uno de estos será asignado a un rol que le permita realizar una serie de funciones acordes con sus labores.

A continuación, se conocerá en detalle los diferentes usuarios que pueden existir y hacer uso de la información en un sistema informático. A modo de adelanto, estos tipos de usuarios se clasifican en administradores, personal cualificado o programadores y usuarios finales.

El tipo de usuario que posee una base de datos puede ir en consonancia con el puesto de trabajo que se ocupe en la organización o empresa para la que esté diseñada la aplicación y la base de datos.

4.1. Administrador de la base de datos

Si se busca la palabra administrador en un diccionario se puede deducir que se trata de una persona cuya labor es la de ejercer funciones de gestión y que tiene a su cargo una serie de bienes que deberá dirigir y regentar. En el contexto de las bases de datos, el administrador, además de gestionar la información que la base de datos contenga, puede ser la persona encargada de realizar el diseño de la misma, la definición de los datos, sus restricciones y permisos. Con esto se tiene que su labor va más allá de gestionar algo que ya está hecho y que ya existe, ya que trabaja como responsable de su control y funcionamiento.

La figura del administrador de base de datos no se cierne sobre una única persona, es posible que debido al gran volumen de información con el que se trabaje sea necesario que varios administradores colaboren de manera conjunta. Durante la fase de diseño, puede existir otro perfil de usuario denominado diseñador de la base de datos, cuya labor es la de decidir las estructuras más idóneas al tipo de datos que se necesitan almacenar. Este usuario realizará las labores de diseño de la base de datos y colaborará junto con el administrador para las labores de implementación de la misma. Lo lógico es que esta persona una vez finalizada la implementación realice labores de administración de la base de datos, aunque también es posible que solo haya sido contratada para este fin.

A los administradores de bases de datos se les suele llamar ABD en español o DBA, proveniente de su denominación en inglés: *Data Base Administrator.*

A continuación, se van a conocer las funciones más relevantes de un administrador de bases de datos:

- **Definir el esquema de la base de datos, tanto a nivel lógico como a nivel físico.** El esquema lógico representará una definición del problema en el mundo real y el esquema físico lo hará de las estructuras de almacenamiento y métodos de acceso a los datos en función de su naturaleza. Ambos esquemas se realizan a través sentencias del Lenguaje de Definición de *Datos -LDD-* o *Data Definition Lenguage.*
- **Mantener y modificar dichos esquemas** como respuesta a posibles cambios en la organización así como a nueva necesidades. El administrador debe poder adaptar los requisitos de la misma en la base de datos.
- **Preservar la privacidad de los datos** aportando los permisos y privilegios adaptados a cada usuario. Para este fin se deberá cumplir la Ley de Protección de Datos y garantía de los derechos digitales -LOPDGDD-.

- **Monitorización de los datos.** Este deberá supervisar las operaciones más comunes de los usuarios y realizar planes de contención como crear nuevas reglas de integridad para los datos manipulados. Ciertas acciones rutinarias que se realicen de forma muy pesada y colapsen el sistema deberán ser corregidas por el ABD.
- **Ofrecer soluciones** de rápida implementación ante fallos inesperados del sistema. Debe realizar un protocolo de actuación específico para resolver problemas comunes. Muchos de estos problemas se resuelven con acciones rutinarias de mantenimiento, como la restauración de una copia de seguridad periódica de la base de datos.
- Otro detalle a tener en cuenta es el **mantenimiento *software* y *hardware* del sistema.** Como operaciones comunes se tienen actualizaciones del sistema operativo y SGBD, fallos de memoria o escaso espacio en disco.

LDD

Lenguaje de Definición de Datos- permite concretar las estructuras de los datos a almacenar en la base de datos, además de las restricciones entre los mismos.

4.2. Personal cualificado o programadores

Además del ABD y del diseñador de base de datos, existe un tipo de usuario que tendrá como labor principal la de desarrollar aplicaciones informáticas y que se denomina programador de aplicaciones. Estas aplicaciones proporcionarán una interfaz gráfica compuesta por ejemplo de formularios, que sirva de puente entre la información almacenada en la base de datos y el usuario final. El programa enmascara en cierta forma al usuario las operaciones y sentencias de consulta necesarias para recuperar información de la base de datos, entendibles por el SGBD pero no por el usuario final. El programador deberá conocer al detalle la base de datos para realizar el desarrollo de las aplicaciones que pretendan gestionar esos datos.

El programador o a lo sumo otro tipo de personal cualificado realizará estas operaciones o consultas a través del Lenguaje de Manipulación de datos, *LMD,* o *Data Management Lenguage, DML* en inglés. Estas sentencias LMD las recibe el motor de ejecución de consultas del SGBD, que será el encargado de analizarlas antes de llevarlas a cabo.

Definición

LMD

Lenguaje de Manipulación de Datos, que permite a un usuario de la base de datos realizar consultas sobre la misma. Entre las operaciones más usuales que permite se encuentran las de recuperar datos, insertar nuevos datos, actualizar los existentes o eliminarlos.

4.3. Usuarios finales

Es cierto que los tipos de usuarios vistos hasta ahora no harán uso de la información almacenada en la base de datos de la misma forma que el usuario final, pero es necesario conocer la figura de estos para tener una amplia visión del sistema informático.

El usuario final será la persona cuyo trabajo dependa directamente de la información contenida en la base de datos. El trabajo de estos propiciará consultar los datos existentes generando informes, insertar nuevos datos, realizar modificaciones sobre los existentes y eliminarlos. En una empresa u organización harán uso de la base de datos a través de aplicaciones de gestión tanto los gerentes, mandos intermedios de cada departamento, como son comercial, recursos humanos y contabilidad, así como cualquier trabajador u operario. Cada uno de ellos accede a la información para realizar su trabajo pero como ya se sabe no todos poseerán acceso a la misma información.

Existen diferentes clasificaciones para los usuarios finales que se acoplan a los distintos puestos de trabajo anteriormente expuestos; y es que no todos los usuarios finales acceden a la información ni con la misma frecuencia ni con los mismos objetivos. Con esto se tienen usuarios esporádicos y usuarios habituales. Normalmente estos se encuentran siempre desde las posiciones más altas hacia las más bajas en la cadena de mando. El dueño o gerente de una empresa realizará consultas circunstanciales para comprobar las evoluciones de un determinado departamento o con la intención de localizar algún dato puntual. Sin embargo, un usuario habitual de la base de datos realizará operaciones mecanizadas y regulares casi todos los días, como pueden ser consultar, insertar nuevos productos, actualizar el *stock* de almacén o realizar pedidos.

Actividades

11. Busque información en internet sobre los diferentes roles de un SGBD.

Definición

LCD

Lenguaje de Control de Datos- es en lenguaje complementario tanto para el LDD como para el LMD en la gestión de una base de datos. Contiene los comandos necesarios para que el administrador controle el acceso a la información almacenada en la base de datos ante diferentes usuarios. Entre los permisos más comunes que puede otorgar se encuentran los de conexión a la base de datos, consulta, inserción, actualización o eliminación.

Aplicación práctica

Una conocida marca de ropa posee establecimientos por todo el territorio español, teniendo su sede central en Madrid, así como sus almacenes desde donde provee a los establecimientos de venta. En la sede central trabajan tanto los directivos generales como el equipo informático encargado de mantener los servidores informáticos, donde se encuentran las aplicaciones de gestión de la empresa y su base de datos. Cada una de las tiendas tiene una plantilla que consta de diez personas, entre ellas un gerente, un encargado que realiza el mantenimiento de los programas, un administrativo y siete dependientes de caja y reposición de ropa.

Identifique los diferentes roles de la base de datos entre los puestos de trabajo de la empresa cuya gestión principal se realiza desde la sede central.

SOLUCIÓN

Si se analiza el supuesto hay dos ubicaciones claramente diferenciadas, como son la sede central y las tiendas. Partiendo de la sede central, existen dos tipos de trabajadores, los directivos y el equipo de informáticos. De este equipo de informáticos se puede concluir que serían los encargados de administrar la base de datos con lo que se podrían determinar los roles de ADB y personal cualificado y programadores, puesto que todos no tienen por qué haber diseñado la base de datos y/o mantenerla. Por otro lado, se tienen los directivos generales cuyo rol es el de usuario, pero no un usuario cualquiera sino uno con permisos a información reservada como ingresos anuales, movimientos bancarios de la institución e informes generales de ventas de todas las tiendas.

Continúa en página siguiente >>

<< Viene de página anterior

Para cada una de las tiendas se localizan tres tipos de empleados: el gerente, cuyo rol puede ser el de un usuario con permisos extendidos, pudiendo acceder a la mayoría de los datos de la tienda; por otro lado se tiene al encargado, cuyo rol se asemeja al del personal cualificado ubicado en la central, que podrá resolver problemas locales de su tienda sin necesidad de molestar a los informáticos de la sede central; además, se tiene a un administrativo cuyo rol es de usuario pero con acceso a las cuentas de la tienda, ingresos, ventas, pedidos, etc.; y, por último, se encuentra el rol de usuario correspondiente a los dependientes, cuyos permisos de acceso a la información de la base de datos se limitan a poder consultar el stock de los artículos y de operaciones de entrada y salida de ellos.

5. Descripción de los elementos funcionales del SGBD

Una posible definición del término funcional podría ser la de algo que se ha diseñado y construido con el objetivo de ser fácil en el uso y cómodo a la vez que eficaz. Si se traslada este concepto al contexto de los SGBD, un elemento funcional del mismo será aquel componente del sistema que se dedique a facilitar el trabajo que de este se espera en su totalidad. Esto se debe a que el SGBD posee una naturaleza modular y se tiene que cada módulo debe estar preparado para realizar eficientemente su propia función colaborando a la tarea general.

Entre los elementos o componentes funcionales que existen en un SGBD, de manera general, se encuentran dos claramente diferenciados como son el procesador de consultas y el gestor de almacenamiento.

5.1. Procesador de consultas

Una consulta generada por una aplicación informática con el objetivo de recuperar, actualizar o eliminar datos existentes e insertar nuevos no es ejecutada sin más sobre la base de datos sin ningún tipo de control. El SGBD a través del procesador de consultas se encarga de analizar y evaluar la consulta recibida en lenguaje LDD y LMD en busca de errores, proporcionando la mejor respuesta al usuario así como devolviendo los datos solicitados de la forma más eficiente.

Entre las operaciones más importantes que realiza el procesador de consultas se tienen las siguientes:

- Analizar la consulta en busca de errores.
- Descomponer la consulta en subconsultas más sencillas de resolver.
- Evaluar los recursos necesarios para su resolución.
- Elegir el mejor de los caminos para su resolución.
- Devolver el resultado.

Estas funciones son realizadas por una serie de componentes del procesador de consultas entre los que se encuentran los siguientes:

- **Intérprete del LDD:** traduce las instrucciones de creación y definición de la estructura de la base de datos.
- **Compilador del LMD:** transcribe las consultas recibidas en LMD a lenguaje de bajo nivel entendible por la base de datos.
- **Motor de evaluación de consultas:** recibirá las instrucciones de salida del compilador del LMD y las ejecutará.

Componentes del procesador de consultas

Nota

Los componentes del procesador de consultas son el intérprete del LDD, el compilador del LMD y el motor de evaluación de consultas.

La empresa TecnoSur S. L., dedicada al desarrollo de aplicaciones informáticas, ha recibido un alumno de un grado superior para realizar prácticas de empresa. A usted, que tiene varios años de experiencia, le encarga su jefe la tarea de instruirle sobre el diseño de una base de datos. ¿Cómo le explicaría a modo de repaso al alumno cada uno de los lenguajes que intervienen en el diseño y utilización de una base de datos y su relación con cada uno de los diferentes tipos de usuarios?

SOLUCIÓN

Comience explicándole que los lenguajes que intervienen son LDD o Lenguaje de Definición de Datos, LMD o Lenguaje de Manipulación de datos y LCD o Lenguaje de Control de Datos; y, posteriormente, su relación con cada tipo de usuario dado que cada uno de ellos se utiliza para un cometido diferente y no todos los usuarios de la base de datos harán uso de todos ellos sino que en función del tipo de usuario se hará uso de un lenguaje concreto. Por último, de forma concreta cada uno de ellos.

Mediante el LDD, el administrador de la base de datos podrá dar forma a la información almacenada, definiendo su estructura y determinando sus restricciones. Un usuario final no hará uso de este lenguaje.

El LMD permite realizar consultas sobre la base de datos con el fin de recuperar datos, insertar nuevos datos, actualizar los existentes o eliminarlos. Este lenguaje podrá ser utilizado por cualquiera de los usuarios de la base de datos pero no de la misma forma, es decir, el administrador de la base de datos y un programador o usuario experto podrá hacer uso de él directamente a través de sus sentencias y un usuario final lo hará indirectamente a través de un programa informático.

Por último, el LCD, al igual que el LDD, solo es utilizado por el administrador de la base de datos dado que contiene los comandos necesarios para que este controle el acceso a la información almacenada en la base de datos ante diferentes usuarios. Entre los permisos más comunes que puede otorgar se encuentran los de conexión a la base de datos, consulta, inserción, actualización o eliminación.

5.2. Gestor de almacenamiento

El gestor de almacenamiento se encarga de optimizar el espacio en disco de los datos así como la ubicación de estos para agilizar el acceso a los mismos.

Si no existiera un elemento que se dedique a tal fin, el acceso a los datos desde aplicaciones informáticas se traduciría en largas esperas por parte de los usuarios, con lo que su trabajo se entiende primordial y como se suele decir, "el tiempo es dinero".

Importante

Los componentes del gestor de almacenamiento son: el gestor de memoria intermedia, el gestor de archivos, el gestor de autorización e integridad y el gestor de transacciones.

Además de proveer a la información de una óptima organización, el gestor de almacenamiento se comporta como un puente entre las órdenes recibidas por el SGBD a modo de consultas y la información almacenada en la base de datos. Este hecho abstrae al gestor de almacenamiento y le asigna toda la obligación de la tarea del almacenamiento y manipulación de la información. Por lo tanto, el gestor de almacenamiento será el componente del SGBD que interprete las órdenes recibidas desde el procesador de consultas en lenguaje LMD una vez revisadas y las traducirá a un lenguaje comprensible por la base de datos.

Dentro del módulo del gestor de almacenamiento se localizan a su vez los siguientes módulos:

- **Gestor de memoria intermedia:** módulo encargado de gestionar el flujo de información que discurre entre el disco y la memoria principal.
- **Gestor de archivos:** componente cuya función es la de gestionar el almacenamiento en disco de la información. Administra el espacio de almacenamiento y decide la estructura que tendrán los datos.
- **Gestor de autorización e integridad:** realiza el control de permisos que poseen los usuarios para acceder a los datos y, además, verifica que se cumplan las restricciones de integridad.
- **Gestor de transacciones:** controla que las operaciones se realicen sin problemas manteniendo la estabilidad de la base de datos.

Componentes del gestor de almacenamiento

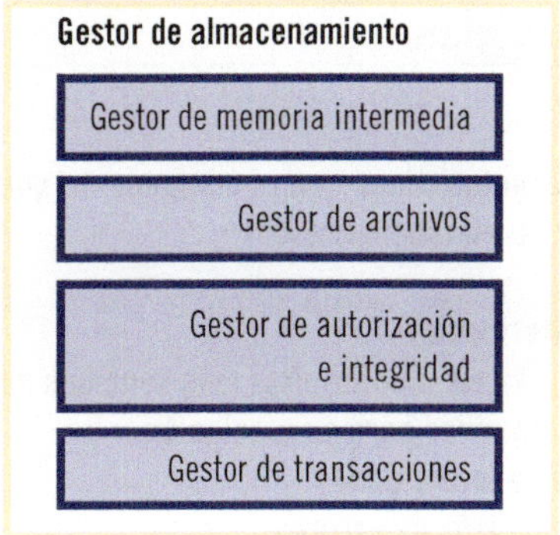

El acceso a los datos se realiza hacia unas estructuras físicas de datos que el gestor de almacenamiento se encarga de proveer, como son los índices, los ficheros de datos, el diccionario de datos y los ficheros de estadísticas.

Componentes funcionales de un SGBD

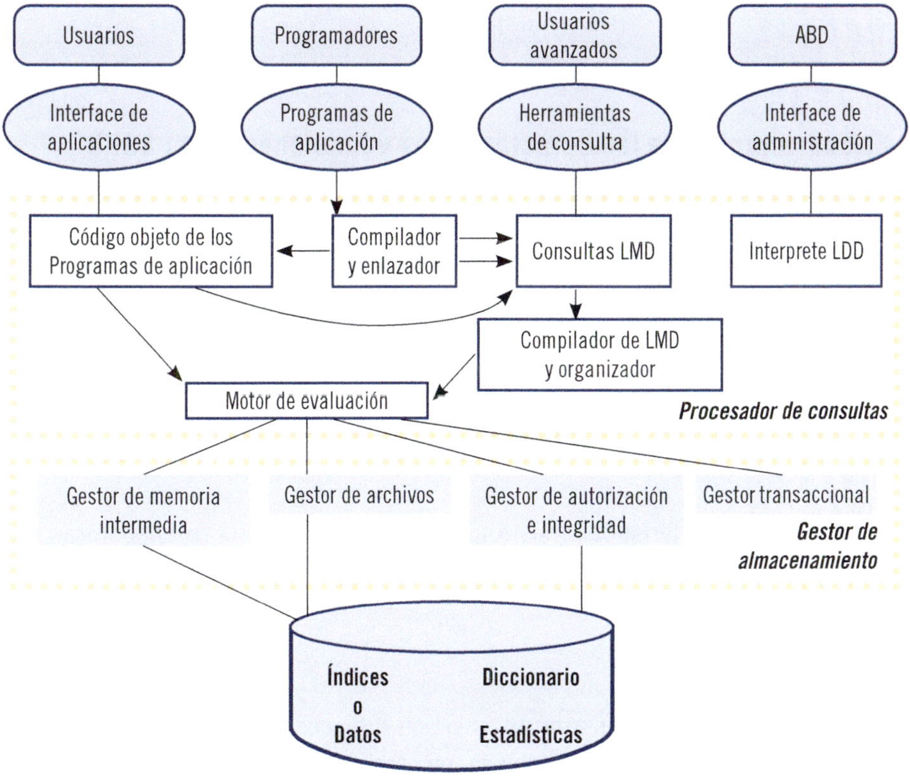

Usuarios
Programadores
Usuarios avanzados
ABD
Interface de aplicaciones
Programas de aplicación
Herramientas de consulta
Interface de administración
Código objeto de los Programas de aplicación
Compilador y enlazador
Consultas LMD
Interprete LDD
Compilador de LMD y organizador
Motor de evaluación
Procesador de consultas
Gestor de memoria intermedia
Gestor de archivos
Gestor de autorización e integridad
Gestor transaccional
Gestor de almacenamiento
Índices
o
Datos
Diccionario
Estadísticas

Relacione las distintas características con el componente que corresponda (procesador de consultas y gestor de almacenamiento).

1. **Gestor de memoria intermedia.**
2. **Descomponer la consulta en subconsultas más sencillas de resolver.**
3. **Elegir el mejor de los caminos para su resolución.**
4. **Gestor de autorización e integridad.**
5. **Analizar la consulta en busca de errores.**
6. **Gestor de transacciones.**
7. **Evaluar los recursos necesarios para su resolución.**

SOLUCIÓN

Procesador de consultas: 2, 3, 5 y 7.

Gestor de almacenamiento: 1, 4 y 6.

6. Enumeración de las características y funciones de un SGBD

Para que una base de datos cubra las necesidades para las que ha sido creada, el SGBD debe poseer una serie de características que satisfagan un conjunto de funciones que de él se esperan. Estas características se muestran a continuación.

6.1. Características

Entre las características más importantes de un SGBD se encuentran las siguientes.

Acceso a datos

Debe permitir acceder a la información almacenada para poder definirla, consultarla y manipularla cuando sea necesario.

Abstracción de la información

Los datos se deberán definir y hacer uso de ellos sin depender de la forma física en la que estén almacenados. De esta manera se tendrá un modelo de datos que no dependerá del SGBD que se utilice.

Independencia de los datos

Se puede hacer uso de la información a través de cualquier aplicación informática, con la posibilidad de alterar la lógica de la base de datos sin tener que modificar dicha aplicación.

Datos consistentes

La consistencia de los datos se debe asegurar de manera estricta sin permitir entre otros datos duplicados o valores no coherentes para los mismos. Por ejemplo, no se debe permitir introducir una cadena de texto para el valor del importe de una factura o valores negativos en las cantidades de un pedido.

Datos seguros

Los usuarios deberán poseer los permisos necesarios para manipular cierta información sensible. Se deberá definir una jerarquía en cuanto a los permisos de usuarios y sus roles.

Integridad de los datos

Para asegurar la integridad de los datos el sistema debe estar provisto de un control de las transacciones realizadas por los diferentes usuarios en accesos concurrentes.

Descritas las características que debe cumplir un SGBD se pasa a continuación a presentar las funciones que ofrece.

Importante

Un SGBD ofrece las siguientes características: acceso a datos, abstracción de la información, independencia de los datos, datos consistentes, datos seguros e integridad de los datos.

6.2. Funciones

Las funciones que a continuación se detallan se corresponderán con cada uno de los diferentes lenguajes de los que un SGBD hace uso para transcribir el trabajo solicitado desde la interfaz gráfica de cualquier aplicación informática que esté conectada a la base de datos y la misma.

Definición

Se permitirá la definición de los elementos que forman parte de la base de datos, su estructura y relaciones entre ellos. Además, se establecerán reglas de integridad y todo ello mediante el Lenguaje de Definición de Datos o LDD.

Manipulación

El SGBD atenderá las solicitudes y peticiones de los diferentes usuarios que requieran consultar datos total o parcialmente, insertar nuevos, modificar los existentes o eliminarlos. Estas operaciones se llevarán a cabo respetando las restricciones definidas en la función de definición y se realizarán mediante el Lenguaje de Manipulación de Datos o LMD.

Utilización

Los SGBD proporcionan una serie de mecanismos para controlar el acceso y la utilización de la información contenida en la base de datos, además de garantizar su confidencialidad. Será el administrador de la base de datos quien asigne los diferentes permisos y privilegios a los distintos usuarios de la base de datos. El lenguaje utilizado para realizar la asignación de permisos es el Lenguaje de Control de Datos o LCD.

7. Análisis de ventajas e inconvenientes de almacenar la información en ficheros a hacerlo en un SGBD

Anteriormente, se ha explicado en detalle los diferentes tipos de almacenamiento de la información en ficheros que existen, realizando un estudio de las ventajas y desventajas que cada uno contenía. De igual modo se ha dado a conocer el sistema de almacenamiento de la información mediante sistemas gestores de bases de datos.

Teniendo referencias de ambos sistemas de almacenamiento de información es importante analizar las ventajas e inconvenientes entre ambos. De partida se debe tener claro que cada tipo de almacenamiento no tiene por qué ser efectivo para la mayoría de los casos de uso, pero, sin embargo, sí puede serlo para casos concretos.

A continuación, se van a detallar una serie de motivos por los que se debe utilizar un sistema de ficheros o un sistema de bases de datos.

7.1. Independencia de los datos

En la mayoría de los tipos de almacenamiento en ficheros se tiene como principal inconveniente la dependencia que existe entre las aplicaciones informáticas y los datos. Cualquier aplicación informática desarrollada para cualquier empresa es diseñada a medida y el acceso a los datos será esclavo de dicha aplicación. Por ejemplo, se puede pensar en una aplicación de gestión para un hotel, en ella pueden existir diferentes programas que hagan uso del fichero donde estén almacenados los datos de los clientes, como puede ser la reserva de algún tipo de actividad deportiva o la solicitud de cierto tipo de masaje. Si se decide modificar o añadir algún campo del fichero de clientes se debería modificar cada uno de los programas que tiene acceso a ese fichero.

Un sistema de bases de datos no posee tal dependencia lógica sobre los datos almacenados. Si se necesita realizar algún cambio en la estructura de la base de datos se puede hacer a través de pequeñas modificaciones en ella manteniendo las aplicaciones de gestión que de ella se surtan de información. De este modo se tiene que tanto aplicaciones como SGBD son independientes, y si fuera necesario se podría cambiar el SGBD utilizado por otro realizando una migración de los datos.

7.2. Redundancia e inconsistencia de la información

El segundo de los inconvenientes del uso de ficheros es la alta probabilidad de existir información redundante y consecuencia de este hecho es que la información contenida en un fichero no sea consistente. Continuando con el ejemplo del hotel, se puede imaginar que además de existir un fichero para almacenar la información de los clientes del hotel hay otro para los alquileres de las pistas deportivas. En cada uno de ellos se localiza información sobre personas, y aunque en el fichero de clientes sea más exhaustiva que en el fichero de reservas, es posible que en ambos se tenga el número de teléfono del cliente. Este hecho pone de manifiesto la posibilidad de tener información repetida y que a la hora de actualizar algún dato, como por ejemplo el teléfono, sea necesario recorrer cada uno de los registros donde este aparezca y realizar la modificación. Si no se realiza la actualización de todos los registros donde dicho dato aparece se tendrá que la información es inconsistente.

Un sistema de almacenamiento en base de datos posee una serie de herramientas y reglas que facilitarán que no se produzca ni redundancia de información ni inconsistencia en sus datos. En el ejemplo de la modificación del teléfono del cliente, se relacionarán las tablas de clientes y reservas evitando la duplicidad de información. Además, cualquier modificación se podrá realizar en cascada sobre la base de datos.

7.3. Integridad de los datos

Tanto un sistema de ficheros como uno de bases de datos requieren que se cumplan ciertos requisitos de integridad de los datos. Esto quiere decir que no debe haber datos incongruentes o que incumplan ciertos requisitos definidos por la organización u empresa. Por ejemplo, no se debe almacenar valores negativos para el coste de algún artículo o por otro lado eliminar algún cliente que tenga facturas pendientes. Este tipo de restricciones se puede controlar a nivel de programación durante el desarrollo de las aplicaciones de gestión utilizadas para manipular los datos. Si se realiza algún tipo de modificación en alguna de dichas restricciones por lo tanto se deberá modificar la aplicación para que se adapte a los nuevos requisitos. Para ambos casos, ficheros o bases de datos, será un complejo proceso pero el nivel de dificultad irá en aumento cuanto más elevado sea el número de ficheros afectados por las modificaciones.

7.4. Transacciones seguras

Cualquier operación realizada a través de un sistema informático tiene la posibilidad de no procesarse correctamente debido a cualquier fallo interno del sistema e incluso por motivos externos como un fallo eléctrico; por ejemplo, si se está sacando dinero de un cajero automático y durante la operación se produce un fallo eléctrico que hace que se apague la máquina antes de que dispense la cantidad solicitada. Examinando los posibles casos, en el mejor de ellos puede que el sistema no haya dejado registrada la petición y no se haya descontado la cantidad solicitada o por el contrario sí se haya quedado registrada. El sistema no puede permitirse este tipo de fallos, con lo que ciertas operaciones deben realizarse de manera conjunta o no realizar ninguna de ellas impidiendo que solo se realice una. Este control que garantiza la seguridad en las transacciones es complejo de realizar en un sistema de ficheros, sin embargo, para un SGBD sería una operación cotidiana.

7.5. Privacidad en los datos

Como bien se sabe, en una empresa u organización se mantiene que no todos los departamentos deben tener acceso a todos los datos. Por ejemplo, el departamento comercial no debe tener acceso a los datos del departamento de recursos humanos y estos no necesitan acceso a los datos del stock del almacén. En un sistema de ficheros mantener esta privacidad en los datos es algo complejo y requerirá de costosas operaciones de programación y múltiples desarrollos de aplicaciones. Sin embargo, un SGBD posibilita la asignación de diferentes permisos en función del tipo de usuario.

7.6. Coste

En algunos casos, el coste de implantación y mantenimiento de un SGBD puede ser el punto débil del mismo. Aunque en la actualidad existan SGBD gratuitos, ciertos entornos pueden requerir de sofisticados sistemas que obliguen a adquirir una licencia de uso del mismo.

Importante

A pesar de que aún en la actualidad la utilización de ficheros pueda tener un uso con propósitos muy específicos, la tendencia es que las aplicaciones presentes y futuras se realicen en torno a un SGBD.

Actividades

12. Exponga dos ejemplos de diferentes usos de ficheros y otros tantos de bases de datos en aplicaciones informáticas.

Por último, decir que existen operaciones como copias de seguridad o la transferencia y migración de datos entre aplicaciones que son óptimas para un sistema de ficheros. Por otro lado, señalar que la estructura de una base de datos posee en sus niveles internos un sistema muy sofisticado de ficheros.

8. Clasificación de los SGBD en función del modelo de datos

Una vez que ya se sabe lo que es una base de datos, es importante conocer los diferentes paradigmas que existen en función de su modelo de datos. Un modelo de datos es el diseño conceptual o lógico que determinará la estructura u organización de una base de datos. Además, dará forma a los objetos que la compondrán y especificará las reglas de integridad que tanto datos como operaciones deberán cumplir.

En la actualidad, existen diferentes modelos de datos que determinarán una posible clasificación de los diferentes tipos de bases de datos. Entre ellos existen los siguientes tipos:

- Modelo de datos relacional.
- Modelo de datos orientado a objetos.
- Modelo de datos jerárquico.
- Modelo de datos en red o CODASYL DBTG.

Los SGBD antiguos se basaban en modelos de datos jerárquicos y en red a los que se les denomina navegacionales, porque para obtener un dato hay que especificar cómo obtenerlo, de este modo se obliga al usuario a conocer la estructura de la base de datos. En la actualidad, los SGBD emplean el modelo de datos relacional que proporciona una independencia clara sobre los datos y se denomina a su vez declarativo puesto que para obtener un dato no se especifica cómo obtenerlo sino simplemente hay que especificar qué dato se requiere. Por último, la tendencia de algunos SGBD relacionales es la de incorporar conceptos del paradigma de orientación a objetos.

8.1. Relacional

El modelo de datos relacional surgió en los años 70 de la mano de Edgar Codd, gracias a sus trabajos de investigación para la empresa IBM. Es un modelo de datos basado en el concepto matemático de relación y sobre las interrelaciones de estas. Se aplicó con rapidez sobre los diferentes SGBD de la época y se extiende hasta la actualidad. Una relación viene a representar a una tabla donde se localizan una serie de filas denominadas tuplas, que se corresponden con las propiedades de un objeto del mundo real. Cuando una tabla se encuentra enlazada con otras tablas se dice que están relacionadas.

Importante

El concepto matemático de relación se representa como una tabla en la que sus filas o tuplas se corresponden con las propiedades de un objeto real.

Se denominaron Sistemas Gestores de Bases de Datos Relacionales o SGBDR los sistemas que adoptaron este modelo de datos, en inglés *Relational DataBase Management Systems o RDBMS.*

Quizás la mayor de las virtudes de este modelo de datos es que se trata de uno conceptualmente simple pero con una estructura teórica robusta a la vez que elegante. Por otro lado, permite fijar la estructura lógica de los datos sin mantener dependencia del almacenamiento físico.

En la actualidad, la mayoría de los SGBD son relacionales aunque se encuentran en auge los SGBD orientados a objetos debido a que en los desarrollos de aplicaciones predominan los lenguajes de programación orientados a objetos.

Como ejemplos de este tipo de SGBDR se tiene los ya expuestos, como *MySQL, Microsoft Access, Microsoft SQL Server u Oracle.*

Actividades

13. Indague en internet y busque tres ejemplos más de SGBDR.

En la siguiente imagen se puede encontrar la analogía entre el concepto matemático relación y una tabla que almacena información en una base de datos.

Analogía entre relación y tabla

Relación Empresas

Empresas (CIF, Nombre, Dirección, Teléfono)

Tabla Empresas

CIF	Nombre	Dirección	Teléfono
B90909001	Rep. El Chispas S.L.	P.I. San Lorenzo, Nave 22	600111333
C09090902	Abonos Jaén S.A.	P.I. El Viso, Nave 15	953000111
B88998899	MercaSur 2013 S.A.	P.I. La Estrella, Nave 36	609999111

Al igual que se puede ver la analogía en la imagen anterior de manera gráfica, se puede observar en la siguiente imagen la correspondencia entre los elementos de una relación y de una tabla.

Correspondencia entre los componentes de una relación y de una tabla

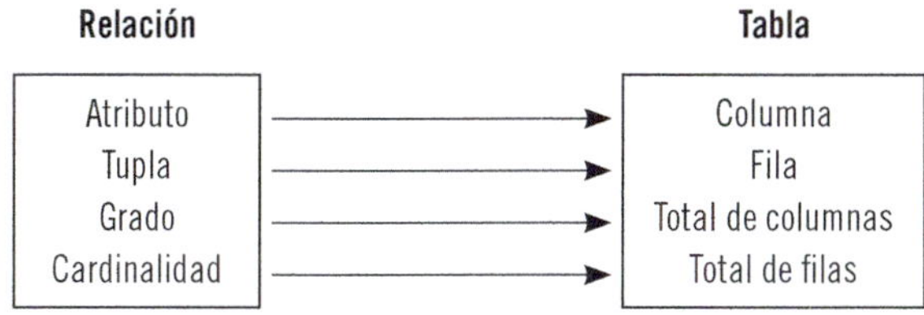

Componentes del modelo relacional

A continuación, se estudiarán los componentes más relevantes del modelo relacional.

Dominio

Se trata de un conjunto de valores definido para una tabla. Por ejemplo, en la tabla Empresas anterior, todos los posibles valores para el nombre de las empresas.

Relaciones

Una relación es el elemento básico del modelo relacional y para entender su concepto hay que conocer otra serie de elementos que trabajan en ella.

Atributos

Los atributos de la relación se corresponden con las columnas de una tabla y determinan cada una de las propiedades o características que esta posee. Dentro de una misma relación no puede haber atributos repetidos y no importa su orden. El conjunto de pares atributo-dominio de una relación se conoce como cabecera.

Tuplas

Cada fila de una tabla se conoce con el nombre de tupla e incluye los valores para cada atributo de la tabla. Al igual que ocurría con los atributos, no puede haber tuplas repetidas dentro de una misma tabla y no tienen por qué estar ordenadas. El conjunto de tuplas de una relación se le conoce como el cuerpo de la relación.

Grado

El grado de una relación es el número de atributos que contiene. No es habitual que varíe aunque se puede alterar si fuera necesario.

Cardinalidad

La cantidad de tuplas de una relación se denomina cardinalidad de la relación. La cardinalidad de una relación es habitual que varíe dado que es común que en una tabla se añadan nuevos registros y se eliminen otros.

En la siguiente imagen, se puede comprobar de manera gráfica los conceptos explicados hasta ahora. En ella se aprecia la tabla Alumnos.

Ejemplo de tabla Alumnos

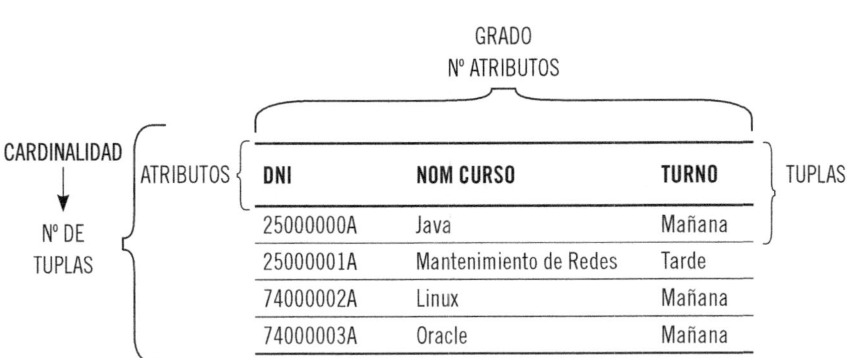

DNI	NOM CURSO	TURNO
25000000A	Java	Mañana
25000001A	Mantenimiento de Redes	Tarde
74000002A	Linux	Mañana
74000003A	Oracle	Mañana

Esquema e instancias de relaciones

Por esquema de relación se tiene al nombre de la relación más el conjunto de atributos de esta, dicho de otro modo, al nombre de la relación más su cabecera.

Para la tabla Alumnos anterior, su esquema sería ALUMNOS (DNI, NOM_CURSO,TURNO).

Una instancia de un esquema de relación es un conjunto de tuplas sobre sus atributos, por lo que sería el cuerpo de una relación. Para un esquema de relación dado, se puede tener distintas instancias. Por ejemplo, una instancia del esquema ALUMNOS (DNI, NOM_CURSO, TURNO) podría ser el conjunto de tuplas que se vio en el ejemplo anterior:

{(25000000A), (JAVA), (MAÑANA),
(25000001A), (MANT. DE REDES), (TARDE),
(74000002A), (LINUX), (MAÑANA),
(74000003A), (ORACLE), (MAÑANA)}

Esquema e instancias de bases de datos

Un esquema de base de datos, o esquema relacional, es un conjunto de esquemas de relación.

Una instancia de un esquema relacional o instancia de base de datos es un conjunto de instancias de relación. Siguiendo con el ejemplo anterior, se tiene el siguiente esquema de base de datos:

ALUMNOS (DNI, NOM_CURSO, TURNO)
PROFESORES (DNI, ESPECIALIDAD, DEPARTAMENTO, TURNO)
CURSOS (NOM_CURSO, AREA, NUM_HORAS)
...

Hasta completar la base de datos.

Claves primarias

Anteriormente se dejó claro que en una relación no pueden existir tuplas iguales, con lo que estas deben poder distinguirse de alguna forma y de modo único. La forma de hacerlo es mediante los valores de sus atributos. Antes de definir una clave primaria es importante describir el concepto de clave candidata.

Una clave candidata es un conjunto no vacío de atributos de una relación que cumple las condiciones de unicidad, es decir, que no existan dos tuplas en la relación con el mismo valor para sus atributos y, por otro lado, irreductibilidad, que no exista ningún subconjunto de atributos de la relación que cumpla la condición de unicidad.

Una clave primaria es una clave candidata elegida por algún motivo concreto y mediante el criterio del diseñador de la base de datos. Solo puede existir una clave primaria en cada relación pero esta puede estar formada por una o varias columnas de la misma. En cuanto a las claves candidatas que no han sido elegidas para ser clave primaria pasan a ser claves alternas.

Nota

Por norma general, se suelen subrayar los atributos que forman parte de la clave primaria de cada relación.

Como ejemplo de clave primaria de la tabla Alumnos se tiene por ejemplo al DNI y su representación sería la siguiente:

ALUMNOS (DNI, NOM_CURSO, TURNO)

Clave foránea o ajena

Una clave foránea o ajena es aquella que relaciona a dos tablas del mismo esquema relacional relacionando atributos de la primera tabla con atributos de la clave primaria de la segunda tabla.

La representación de la clave foránea sería del tipo R1 (F) => R2. Como ejemplo se puede poner el de dos tablas pertenecientes al mismo esquema relacional, Alumnos, que ya se conoce, y Cursos, esta segunda con los campos NOM_CURSO, AREA y NUM_HORAS, cuya clave primaria es NOM_CURSO. Por lo tanto, se define la clave foránea entre ambas de la siguiente forma:

ALUMNOS (NOM_CURSO) => CURSOS

Integridad relacional

La integridad relacional se compone por un conjunto de reglas que tienen como finalidad informar al SGBD de ciertas restricciones en los datos para que impida la existencia de valores imposibles o incoherentes.

8.2. Aplicación práctica

Imagine que un concesionario de coches le encarga a usted la tarea como técnico informático de definir un esquema de datos relacional con sus componentes, relaciones, atributos, grado, cardinalidad, clave principal y clave foránea. El gerente se reúne con usted y le explica que desea gestionar la venta de vehículos en los concesionarios. De la conversación con él se extraen las relaciones: SEDE, VENDEDOR y VEHÍCULO.

Solución (Propuesta)

Relaciones y atributos:

SEDE (ID_SEDE, NOMBRE_SEDE, CIUDAD)
VENDEDOR (ID_VENDEDOR, ID_SEDE, NOMBRE_VEND)
VEHICULO (MATRICULA, MARCA, MODELO, ID_SEDE)

Esquema relacional:
Los posibles datos del esquema relacional pueden ser los siguientes:

Para SEDE:
{(1),(MALAGA MOTOR),(MALAGA),
(2),(CORDOBA MOTOR),(CORDOBA),
(3),(GRANADA MOTOR),(GRANADA)}

Para VENDEDOR
{(10001),(1),(ANTONIO PEREZ),
(20001),(2),(PEDRO LUQUE),
(30001),(3),(SILVIA MUÑOZ)}

Para VEHÍCULO
{(0454 CNK),(SEAT),(IBIZA),(1),
(1563 BPM),(RENAULT),(MEGANE),(1),
(1557 HHF),(VOLKSWAGEN),(POLO),(2)}

Grado:
El grado de la relación SEDE es 3, el de VENDEDOR es 3 y el de VEHÍCULO es 4.
Cardinalidad:
Las cardinalidades empleadas para cada relación han sido 3 para cada una de ellas y esta vendrá dada por el número de tuplas de la relación.

Claves primarias:
La clave primaria deberá identificar una tupla de la relación de manera única así que pueden servir las siguientes:
SEDE => ID_SEDE

VENDEDOR => ID_VENDEDOR
VEHICULO => MATRICULA

Para VENDEDOR se podría haber utilizado el DNI y para VEHÍCULO el número de bastidor y sería igualmente válido.

Esquema de la base de datos:
SEDE (ID_SEDE, NOMBRE_SEDE, CIUDAD)
VENDEDOR (ID_VENDEDOR, ID_SEDE, NOMBRE_VEND)
VEHICULO (MATRICULA, MARCA, MODELO, ID_SEDE)

Claves foráneas:
Para establecer las relaciones entre cada relación elegirá las siguientes claves foráneas:
VENDEDOR (ID_SEDE) => SEDE
VEHICULO (ID_SEDE) => SEDE

8.3. Orientado a objetos

Un modelo de datos orientado a objetos se rige por una base de datos definida en torno a objetos, con sus propiedades o atributos y operaciones o métodos que se organizan en clases. Una clase estará compuesta por objetos del mismo tipo, es decir, con objetos con la misma estructura y comportamiento.

Lo razonable es que un SGBD orientado a objetos trabaje conjuntamente con aplicaciones informáticas desarrolladas en algún lenguaje de programación orientado a objetos. Con esto se aumenta la productividad y el rendimiento en aquellos sistemas que manipulen tipos de datos complejos.

El modelo de datos orientado a objetos añade las siguientes características al SGBD:

- **Abstracción:** se manifiestan los elementos de la vida real a través de sus características esenciales.
- **Encapsulamiento:** oculta el interior del objeto.
- **Clases:** organización del mismo tipo de objetos.

- **Modularización:** las abstracciones se fundamentan en alguna relación.
- **Jerarquía:** la abstracción se realiza con un orden establecido.
- **Herencia:** un objeto puede heredar el comportamiento de otro.
- **Polimorfismo:** un objeto se adapta para trabajar de diferentes maneras ante una solicitud.

Se han puesto de manifiesto diferentes ventajas del uso de un modelo de datos orientado a objetos. En cuanto a las posibles desventajas se tiene que no existen muchos SGBD orientados a objetos en el mercado debido a que aun no existen suficientes estándares.

Actividades

14. Indague en internet y busque algún ejemplo de SGBD orientado a objetos del mercado.

8.4. Jerárquico

Las bases de datos jerárquicas surgieron en la década de los 60 y forman parte de la primera generación de bases de datos. Usualmente la forma de utilizar un SGBD en una aplicación es haciendo uso de las sentencias de dicho lenguaje del SGBD embebidas en un lenguaje anfitrión, por ejemplo, COBOL. Este modelo de datos se caracteriza por utilizar jerarquías para la representación lógica de la información. De este modo, los datos se estructuran en una jerarquía de registros en forma de árbol, colocando la raíz de este en la parte superior de manera que cada nodo del árbol coincide con una entidad de la base de datos. En un modelo de datos jerárquico se conoce como segmento a un registro y como tipo de segmento a un tipo de registro. Las relaciones que se representan entre las entidades son del modo padre-hijo, en el que cada padre puede tener varios hijos, representando una relación de uno a muchos, y a los datos solo se puede acceder en una dirección, de los hijos a los padres, es decir, desde las hojas en dirección a la raíz. De esta forma se tiene que el acceso en dirección contraria sea extremadamente ineficiente y costoso al tener que recorrer los ficheros secuencialmente. Con esto todos los segmentos a excepción del segmento raíz tienen un segmento padre. Como ejemplo de sistema de gestión de base de datos jerárquico se puede citar el IMS *(Information Management System)* de IBM.

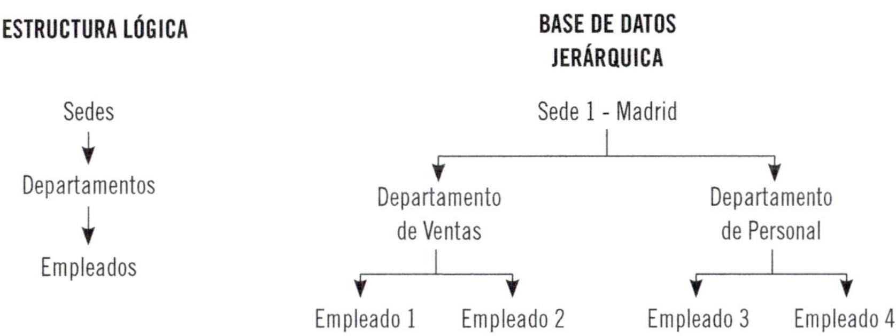

Importante

IMS es un gestor de bases de datos jerárquicas y un gestor transaccional con alta capacidad de proceso, diseñado por IBM en 1966.

La forma de recuperar un segmento consiste en recorrer la base de datos desde la raíz hasta el segmento solicitado. Cada movimiento puede realizarse desde segmentos del mismo tipo o a los segmentos hijos del segmento en el que se esté posicionado.

Entre las operaciones más relevantes que pueden realizarse se tienen las siguientes:

- GET: recupera un dato.
- INSERT: inserta un nuevo segmento.
- GET HOLD: recuperar un segmento y lo bloquea.

- REPLACE: modifica un segmento.
- DELETE: elimina un segmento.

Actividades

15. Indague en internet y busque algún ejemplo de SGBD jerárquico del mercado.

8.5. En red o CODASYL DBTG

El modelo de datos en red también es conocido como modelo CODASYL, debido a que fue estandarizado por el grupo DBTG o *DataBase Task Group,* perteneciente a CODASYL, cuyas siglas provienen de *Conference on Data System Lenguages,* y que se trata de un consorcio informático cuyo objetivo era el desarrollo de un lenguaje de programación estándar. Al igual que el modelo de datos jerárquico, la forma de utilizar un SGBD en red en una aplicación es mediante sentencias del lenguaje del SGBD incrustadas en un lenguaje anfitrión. Las bases de datos en red son un tipo más evolucionado que las anteriores, donde se permite que los nodos hijo tengan más de un padre, con lo que se aceptan más tipos de relaciones entre las entidades de datos. Las entidades de datos y sus relaciones se representan entonces con un grafo de red.

Ejemplo de la estructura de una base de datos en red

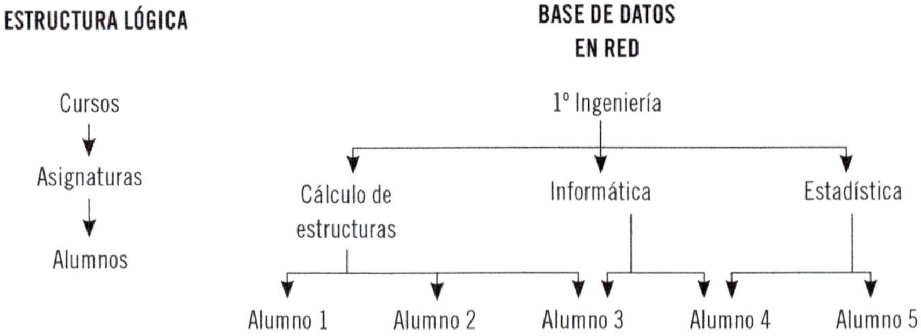

El objeto de CODASYL fue el de regular el desarrollo de un lenguaje de programación estándar que pudiera ser utilizado en multitud de ordenadores, surgiendo COBOL.

En estos dos últimos modelos de datos se debe conocer la estructura física de la base de datos a la que se va a acceder, con lo que la independencia de los datos es mínima. A los modelos de red y jerárquico se les llama navegacionales, ya que para acceder a los datos se debe especificar cómo obtenerlos, es decir, el recorrido a seguir por la base de datos. Para ello no es requisito comenzar por el nodo raíz como ocurriera en el modelo jerárquico sino que se puede comenzar por cualquier tipo de registro.

Actividades

16. Indague en internet y busque algún ejemplo de SGBD en red del mercado.

9. Resumen

Una base de datos es un conjunto de datos interrelacionados y no redundante que se estructuran de forma independiente en cuanto a su uso e implementación, facilitando a los usuarios un acceso concurrente a unos datos que cumplen ciertas restricciones de integridad.

Entre las características de una base de datos se encuentran que son un conjunto de datos no redundantes e interrelacionados y de organización independiente. Proporcionan acceso concurrente y deben de cumplir una serie de restricciones de integridad.

Un SGBD proporciona los mecanismos para definir, consultar y mantener la información existente en la base de datos, garantizando las restricciones de integridad y seguridad definidas. El SGBD realiza para el usuario una separación de la información totalmente funcional entre la parte lógica y física de la misma. Entre los SGBD más extendidos en el mercado se encuentran *MySQL, Microsoft Access, Microsoft SQL Server y Oracle.*

Un rol en un SGBD es una agrupación de permisos que pueden ser asignados a los usuarios en función de las necesidades de estos. En un SGBD existen diferentes tipos de roles que facilitarán al usuario que los posea poder realizar o no ciertas funciones sobre los datos. Entre los elementos o componentes funcionales que existen en un SGBD, de manera general, se encuentran dos claramente diferenciados, como son el procesador de consultas y el gestor de almacenamiento.

Los SGBD antiguos se basaban en modelos de datos jerárquicos y en red a los que se les denomina navegacionales porque para obtener un dato hay que especificar cómo obtenerlo, de este modo se obliga al usuario a conocer la estructura de la base de datos. En la actualidad los SGBD emplean el modelo de datos relacional que proporciona una independencia clara sobre los datos y se denomina a su vez declarativo puesto que para obtener un dato no se especifica cómo obtenerlo sino simplemente hay que especificar qué dato se requiere. Por último, la tendencia de algunos SGBD relacionales es la de incorporar conceptos del paradigma de orientación a objetos.

En la actualidad, existen diferentes modelos de datos que determinarán una posible clasificación de los diferentes tipos de bases de datos, como modelo de datos relacional, orientado a objetos, jerárquico o en red.

Ejercicios de repaso y autoevaluación

1. Indique si las siguientes afirmaciones son verdaderas o falsas:

a. Una base de datos es un conjunto de datos interrelacionados y redundante.

- ☐ Verdadero
- ☐ Falso

b. Una base de datos facilita a los usuarios un acceso concurrente a los datos cumpliendo ciertas restricciones de integridad.

- ☐ Verdadero
- ☐ Falso

2. ¿Con cuál de los siguientes objetos se puede ilustrar a una base de datos en un esquema?

a. Un cuadrado de una única sección.
b. Un triángulo de una única sección.
c. Una elipse de varias secciones.
d. Un cilindro de varias secciones.

3. ¿Qué es una restricción de integridad? Ponga algún ejemplo.

____
____
____
____
____
____
____

4. Complete la siguiente oración:

El ____________ realiza para el usuario una ____________ de la información totalmente funcional entre la parte ____________ y ____________ de la misma.

5. **¿Cuál de los siguientes SGBD no posee versiones gratuitas?**

    a. *MySQL*
    b. *Microsoft Access*
    c. *SQL Server*
    d. *Oracle*

6. **¿Cómo se llama la versión gratuita del SGBD *Oracle?***

    a. *Oracle Database Standard Edition*
    b. *Oracle Database Enterprise Edition*
    c. *Oracle Database Express Edition*
    d. *Oracle Database Standard Edition One*

7. **El tipo de usuarios que posee una base de datos...**

    a. ... depende de la antigüedad que posea este en la organización o empresa pero no del puesto de trabajo que ocupe.
    b. ... no depende de la antigüedad que posea este en la organización o empresa ni del puesto de trabajo que ocupe.
    c. ... no depende de la antigüedad que posea este en la organización o empresa pero sí del puesto de trabajo que ocupe.
    d. Todas las opciones son incorrectas.

8. **Indique si las siguientes afirmaciones son verdaderas o falsas:**

    a. Un administrador de bases de datos puede ser la persona que en un primer momento diseña la base de datos.

        ☐ Verdadero
        ☐ Falso

    b. Un administrador de bases de datos trabaja como responsable del control y funcionamiento de la base de datos.

        ☐ Verdadero
        ☐ Falso

9. Complete la siguiente oración:

Un rol en un ____________ es una agrupación de ____________ que pueden ser asignados a los ____________ en función de las necesidades de estos.

10. ¿Qué entiende por "datos consistentes"? Ponga un ejemplo.

____

____

____

____

11. ¿Cuál de las siguientes operaciones no es propia del procesador de consultas?

a. Analizar la consulta en busca de errores.
b. Descomponer la consulta en subconsultas más sencillas de resolver.
c. Gestionar el almacenamiento en disco de la información.
d. Evaluar los recursos necesarios para su resolución.

12. Defina qué es un Lenguaje de Manipulación de Datos.

____

____

____

____

13. ¿Cuál de las siguientes características considera una desventaja en el uso de un SGBD frente a un sistema de ficheros?

a. Integridad de los datos
b. Transacciones seguras
c. Coste
d. Privacidad en los datos

14. ¿Cuál de los siguientes modelos de datos necesita ser recorrido desde su elemento raíz para consultar algún dato?

a. Modelo de datos relacional.
b. Modelo de datos orientado a objetos.
c. Modelo de datos jerárquico.
d. Modelo de datos en red o CODASYL DBTG.

15. Indique si las siguientes afirmaciones son verdaderas o falsas:

a. Una clave primaria es una clave candidata elegida por algún motivo concreto y mediante el criterio del diseñador de la base de datos.

☐ Verdadero
☐ Falso

b. Una clave foránea relaciona a dos tablas de cualquier esquema relacional relacionando atributos de la primera tabla con atributos de la clave primaria de la segunda tabla.

☐ Verdadero
☐ Falso

Capítulo 3

Otros tipos de almacenes de la información

Contenido

1. Introducción

En esta unidad se estudiarán otros tipos de almacenamiento de la información, uniéndose a los que ya se conocen, como ficheros y sistemas gestores de base de datos. Entre ellos destacan XML y los servicios de directorios.

Como objetivo al margen del almacenamiento de la información surge XML como mecanismo de intercambio de datos entre aplicaciones basadas en la web.

Es importante conocer una serie de conceptos que ayudarán a entender la filosofía en la que se basa XML, como puede ser elemento, atributo, anidación o espacio de nombres, entre otros; también conocer el sistema de almacenamiento de directorios.

Por último, se realizarán comparaciones entre los diferentes sistemas de almacenamiento.

2. XML

A lo largo de este apartado se estudiará qué es el lenguaje XML y los conceptos necesarios para que conocerlo en detalle, siendo una herramienta útil con la que almacenar información.

2.1. Definición de XML

En primer lugar hay que saber que XML es un lenguaje de marcas, y como sus siglas establecen extensible, del inglés *Extensible Markup Lenguage.* Por extensible se determina que es un lenguaje que una vez definido se pueden extender etiquetas nuevas a la hora de utilizarlo.

XML se ha implantado en el mercado como un estándar a la hora de transferir e intercambiar información entre aplicaciones cuyo ámbito de trabajo sea Internet. Por otro lado, se establece como un lenguaje que ofrece soporte a su utilización con bases de datos.

Una etiqueta o marca se delimita mediante corchetes angulares o cuñas: < >. El uso común de etiquetas se establece con una etiqueta de apertura y otra de cierre, que se distingue por poseer el carácter barra "/", antes de la palabra que da por nombre a la etiqueta. A modo de ejemplo se representa su uso en la siguiente imagen:

Ejemplo de etiqueta XML

<equipo>Real Madrid</equipo>

Nota

Una marca es un concepto que se conoce como etiqueta. Al igual que en otros lenguajes, como HTML, los datos se encierran dentro de etiquetas o marcas.

Como comparación con HTML, en XML las marcas muestran el significado o valor de los datos almacenados en el fichero y en HTML determinarán el aspecto con el que se mostrarán dichos datos en pantalla. Con esto se tiene que las etiquetas contenidas en un fichero XML pueden proporcionar por su propio nombre información sobre los datos que contienen. Además, XML define las etiquetas que cree necesarias para el documento, no como HTML que se ciñe a las etiquetas que tiene predefinidas.

Actividades

1. Señale qué diferencias existen entre etiquetas escritas mediante HTML y las propias de XML.

2.2. Origen

El lenguaje XML se origina a partir de SGML, del inglés, *Standard Gerenalized Markup Lenguage,* cuya estandarización a mediados de los años ochenta se llevó a cabo por el organismo ISO desde el leguaje GML, del inglés *Gerenalized Markup Lenguage,* desarrollado por IBM a finales de los años sesenta.

Debido a la complejidad que SGML poseía se originó XML como un conjunto derivado del anterior que contiene las especificaciones más importantes de este y desecha las más dificultosas y poco útiles.

La primera versión de XML, la 1.0, fue recomendada por el W3C en febrero de 1998 y posee cinco ediciones hasta la actualidad. En diciembre de 2001 surgió la versión 1.1, que se encuentra en su segunda edición, y desde septiembre de 2006 hasta la actualidad no ha sufrido modificación alguna.

El W3C o *World Wide Web Consortium,* como en su web indica, es una comunidad internacional que desarrolla estándares que aseguran el crecimiento de la web a largo plazo -http://www.w3c.es/-. Las especificaciones de ambas versiones se pueden encontrar en los siguientes enlaces:

- XML 1.0: http://www.w3.org/TR/2006/REC-xml-20060816/
- XML 1.1: http://www.w3.org/TR/xml/

Estos hechos ponen de manifiesto que aunque en la actualidad XML sea un lenguaje común lleva varias décadas de bagaje y asentamiento en el mundo de la computación.

El W3C resume la tecnología XML en diez puntos básicos, con ello alguien que no sepa qué es XML se hará una idea acertada de qué es y en qué se caracteriza. Los diez puntos son los siguientes.

XML sirve para estructurar datos

XML no se define como un lenguaje de programación sino como un lenguaje mediante el cual se estructuran datos, para hacer uso del mismo no es necesario ser un programador experto. Para simplificar la tarea de estructurar datos, XML facilita la generación de datos así como su lectura y correcta estructura.

XML se parece un poco a HTML

Ambos utilizan etiquetas o marcas y atributos, con la diferencia de que HTML determina el significado de cada etiqueta y atributo mostrando por pantalla sus correspondientes valores y XML emplea sus etiquetas para limitar los datos que en ellas se encierran.

Como ejemplo, las etiquetas <b> y </b>, cuyo significado en HTML es sacar por pantalla en negrita los valores que encierran, en XML pueden significar un valor correspondiente a un barco, un barrio o a la ciudad Bruselas, entre otros.

XML es texto, pero no está pensado para ser leído

Un formato de texto tiene la propiedad de que puede ser leído por cualquier persona aportando algún tipo de información a esta. XML de igual forma posee un formato de texto pero su lectura es dificultosa dado que siendo posible obtener el contexto de lo que se almacena en un documento XML, solo se encontrará el valor de una gran cantidad de datos estructurados a través de sus etiquetas sin llegar a ser muy explícito. El caso contrario se puede encontrar en el lenguaje HTML; por ejemplo, un periódico digital que trata de una serie de artículos definidos entre etiquetas HTML cuya misión es definir el formato con el que aparecerán por pantalla.

XML contiene abundantes palabras

XML al ser solo texto se antoja como un lenguaje de intercambio de datos ligero, a pesar de que contenga muchísima cantidad de información no deja de ser texto. Esta característica facilita su rápida propagación entre aplicaciones y mediante Internet. De otro modo, la cantidad de diferentes palabras de las que hace uso es abundante gracias a ser un lenguaje extensible.

XML es una familia de tecnologías

XML no es solo un lenguaje de programación sino que comprende una familia de tecnologías a las que da soporte más allá de su propia especificación. Muchas de estas tecnologías se basan en la web, entre ellas se puede encontrar como ejemplo a CSS, lenguaje de hojas de estilo en cascada, Cascade *Style Sheet* en inglés, de las que hace uso tanto XML como HTML. Por otro lado, se encuentra DOM, una tecnología que engloba una serie de funciones mediante las cuales se puede gestionar archivos XML desde un lenguaje de programación.

XML es nuevo, pero no tanto

Si se trabaja con XML desde no hace mucho o se acaba de conocer hay que saber que en la actualidad se encuentra totalmente establecido en el mundo de la programación de aplicaciones y es usado por la mayoría de entidades empresariales a nivel mundial, todo esto a pesar de que es una tecnología que nació en la década de los noventa del siglo pasado. A través de estos años ha sufrido modificaciones y actualizaciones liberadas por la W3C.

XML convierte a HTML en XHTML

XML promueve al lenguaje XHTML, descendiente de HTML, cuyos ligeros cambios en su sintaxis hacen que se ajuste a las reglas de XML.

XML es modular

El hecho de combinar y utilizar otros formatos proporcionan a XML la característica de modular. Para ello es necesaria la determinación que un espacio de nombres asigna a un elemento dado para eliminar y evitar confusiones entre elementos provenientes de diferentes formatos con similar representación. Entre los formatos basados en XML se tienen como ejemplos a XSL o RDF.

XML es la base de RDF y de la web semántica

RDF o *Resource Description Framework* es un formato de texto XML promovido por la W3C que mantiene aplicaciones de descripción de recursos y metadatos. Ejemplo de ellos se tienen en listas de contactos, musicales o fotografías. Este hecho se anticipa al concepto de web semántica en el que las los sistemas informáticos promueven los mecanismos para realizar una comunicación segura y efectiva.

Definición

RDF o *Resource Description Framework*
Es un formato de texto XML de la W3C que soporta aplicaciones de descripción de recursos y metadatos.

XML es gratuito, independiente de la plataforma y bien soportado

XML se presenta no solo como una buena opción que usar e integrar a una aplicación informática por ser gratuita sino porque colateralmente se beneficia de la enorme comunidad de profesionales que hacen uso de ella, además del ingente número de aplicaciones existentes y en constante actualización que hay para su desarrollo. Este hecho facilita la construcción de una aplicación informática en torno a la tecnología XML.

Logo de la World Wide Web Consortium

Tanto XML como HTML son derivaciones de SGML, pero HTML podría haberse originado a partir de XML dado que este no es un mero lenguaje sino que es un lenguaje que puede definir lenguajes. Este concepto se conoce como metalenguaje.

Importante

XML es un metalenguaje, es decir, un lenguaje que puede definir lenguajes.

Ambas premisas se ilustran en las siguientes imágenes:

Definiciones de SGML, XML y HTML

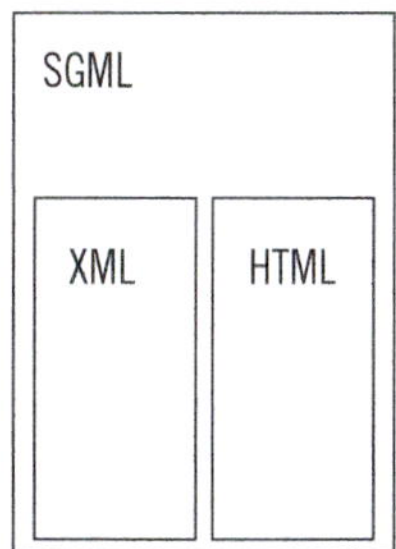

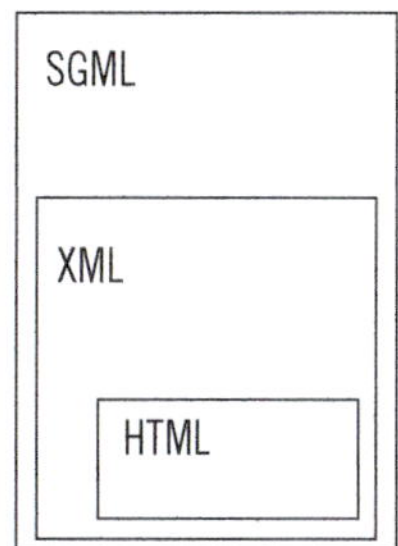

Actividades

2. Señale por qué se dice que HTML podría haberse originado a partir de XML.

2.3. Organización de la información en XML

Un documento XML posee una estructura abierta en cuando a diferentes tipos de etiquetas de las que se puede hacer uso. Para entender esta organización de la información en un documento XML hay que tener claros previamente una serie de conceptos que a continuación se detallan.

Elemento

La información en un documento XML se dispone mediante elementos. Por el elemento se tiene al par de etiquetas de apertura y cierre junto con el texto contenido entre ambas. En un documento XML se localiza un elemento especial denominado elemento raíz o elemento principal. El conjunto de elementos que se ubican en un documento XML y que contienen la información del mismo están localizados dentro del elemento raíz, es decir, el elemento raíz engloba a los demás elementos del documento.

En la siguiente imagen podrá observar como elemento raíz al elemento <clientes>.

Ejemplo de elemento raíz

```
<clientes>
    <nombre>Pablo</nombre>
    <nombre>María</nombre>
    <nombre>Antonio</nombre>
</clientes>
```

3. Señalar qué diferencia existe entre el elemento raíz y cualquier otro elemento.

Atributo

Otro concepto necesario para comprender correctamente el almacenamiento de la información en ficheros XML es el de atributo. Un atributo se compone de su nombre y del valor que posee, y se localiza en la etiqueta de apertura de un elemento. Pueden existir diferentes atributos en una etiqueta sin repetirse alguno de ellos en la misma etiqueta.

En la siguiente imagen se observa cómo se encuentran diferentes atributos en el elemento <empresa>:

Ejemplo de atributo

```
<clientes>
    <empresa tipo="SL">Muebles Ruiz</empresa>
    <empresa tipo="SA">Comunicaciones Hispania</empresa>
    <empresa tipo="SCoop">Agricultores del Sureste</empresa>
</clientes>
```

El uso de un atributo equivale en algunos casos para un elemento a los datos encerrados entre las etiquetas de apertura y cierre de uno de sus subelementos. Se puede observar en la siguiente imagen el XML equivalente al ejemplo anterior.

Ejemplo de equivalencia entre datos de un atributo y los de un subelemento

```
<clientes>
    <empresa>
        <nombre>Muebles Ruiz</nombre>
        <tipo>SL</tipo>
    </empresa>
    <empresa>
        <nombre>Comunicaciones Hispania</nombre>
        <tipo>SA</tipo>
    </empresa>
    <empresa>
        <nombre>Agricultores del Sureste</nombre>
        <tipo>SCoop</tipo>
    </empresa>
</clientes>
```

Anidación

Los elementos contenidos en un documento XML pueden estar anidados entre sí siempre y cuando la anidación sea correcta. Motivo para que esta no lo sea es que se entrelacen etiquetas de apertura y cierre de varios elementos. En la siguiente imagen se puede ver un ejemplo correcto de anidación a la vez que otro incorrecto.

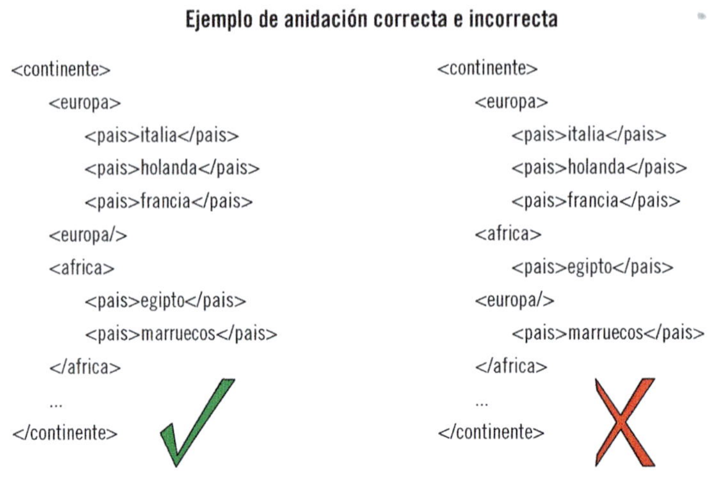

Ejemplo de anidación correcta e incorrecta

```
<continente>
    <europa>
        <pais>italia</pais>
        <pais>holanda</pais>
        <pais>francia</pais>
    <europa/>
    <africa>
        <pais>egipto</pais>
        <pais>marruecos</pais>
    </africa>
    ...
</continente>
```

```
<continente>
    <europa>
        <pais>italia</pais>
        <pais>holanda</pais>
        <pais>francia</pais>
    <africa>
        <pais>egipto</pais>
    <europa/>
        <pais>marruecos</pais>
    </africa>
    ...
</continente>
```

Contexto

Como ya se sabe, un documento XML puede ofrecer información de los datos que almacena simplemente por el nombre de sus elementos. Hay un caso singular en el que el texto no se encuentra entre las etiquetas de apertura y cierre de un elemento sino libre entre los elementos internos o subelementos de otro. Se establece que el texto se encuentra incluido en el contexto de un elemento siempre que se localice entre las etiquetas de apertura y cierre del mismo.

Ejemplo de información fuera de contexto

```
<continente>
        Europea
        <pais>italia</pais>
        <pais>holanda</pais>
        <pais>francia</pais>
        Africa
        <pais>egipto</pais>
        <pais>marruecos</pais>
        ...
</continente>
```

Elementos simplificados

Por otro lado, pueden encontrarse elementos cuyas etiquetas de apertura y cierre se solapen en una misma etiqueta. Para ello, el elemento no debe poseer ni subelementos ni texto, aunque sí puede contener atributos. Se puede observar la correspondencia en la siguiente imagen, quedará el nombre del elemento y a continuación el carácter barra "/".

Ejemplo de etiqueta simplificada

Espacio de nombres

Con objeto de identificar los datos en una aplicación que utilice ficheros XML como sistema de almacenamiento de información o de intercambio de ella entre diferentes aplicaciones, se puede especificar lo que se denomina espacio de nombres o namespace en inglés. Un espacio de nombres es un identificador que asegura que las etiquetas de los elementos contenidos en el fichero XML son únicas. Este identificador se define en la cabecera del documento XML y se utiliza anteponiéndolo al nombre de cada etiqueta.

Como espacio de nombres se puede elegir algún término o cadena que describa a una organización de manera única, como puede ser su propio nombre o su dirección web.

A la hora de definir un espacio de nombres predeterminado se utilizará el atributo xmlns, que significa xml namespace en el elemento raíz. Si su aplicación requiere diferentes espacios de nombres se podrán definir en el elemento raíz de igual forma mediante el atributo xmlns seguido de dos puntos y de un nombre abreviado propio del identificador, el cual se irá anteponiendo al nombre de cada etiqueta del documento. Las etiquetas que no lleven un prefijo explícito que identifique a un espacio de nombres definido se regirán por el espacio de nombres predeterminado.

En la siguiente imagen, se aprecia un ejemplo de definición de varios identificadores para un documento XML correspondiente a una aplicación de la Seguridad Social. En él se define un identificador predeterminado para todas las etiquetas que no especifiquen ningún prefijo, a la vez que otro en el que para usarlo se deberá especificar su prefijo en las etiquetas.

Ejemplo de declaración y uso de *namespace*

```
<seg-social
    xmlns='http://www.seg-social.es'
    xmlns:US='http://seg-social.es/usuarios'>

    <empresa>
        ...
    </empresa>
    ...
    <US:usuario>
        ...
    </US:usuario>
    ...
</seg-social>
```

Al igual que el almacenamiento de información en ficheros o en bases de datos, XML define una serie de reglas a la hora de guardar los datos con la necesidad de definir un esquema. Es cierto que tanto en ficheros como en base de datos se definen unos tipos específicos para cada campo, sin embargo en ficheros XML se definen una serie de normas que determinarán los elementos internos de un elemento y sus atributos.

Para saber cómo definir dicho esquema, se necesita conocer lo que es una DTD o Definición de Tipos de Documento. A modo de resumen, se trata de un conjunto de reglas que tienen como objetivo definir y etiquetar adecuadamente un documento XML. El concepto de DTD es muy extenso y engloba una serie de contenidos muy específicos que se van a tratar aquí.

Aun así y a modo de ejemplo, en la siguiente imagen se puede observar la definición de una DTD y un fragmento de documento XML que la cumple.

Ejemplo de DTD

```
<! DOCTYPE cliente[
    <!ELEMENT cliente (id, nombre, direccion, email)>
    <!ELEMENT id (#PCDATA)>
    <!ELEMENT nombre (#PCDATA)>
    <!ELEMENT direccion (#PCDATA)>
    <!ELEMENT email (#PCDATA)>
]>
<cliente>
    <id>00001</id>
    <nombre>Lucas Gutierrez</nombre>
    <direccion>Sol, 25</direccion>
    <email>lucasg@correo.com</email>
</cliente>
```

4. Indague en internet sobre el concepto de DTD y señale sus principales características.

2.4. Acceso a los datos

El almacenamiento de información mediante XML requiere de una serie de herramientas para manipular dicha información. Estas herramientas facilitarán el acceso a los datos para su consulta y manipulación con las diferentes aplicaciones que hagan uso de los mismos. Sin estas herramientas no sería factible consultar información en los enormes sistemas de almacenamiento XML que puede llegar a generar cualquier empresa u organización. Es evidente pensar que el resultado de realizar una consulta sobre un documento XML es obtener otro documento XML de menor o igual tamaño.

Como ejemplo de las diferentes herramientas existentes en la actualidad se encuentra XQuery entre otras.

XQuery es un lenguaje de consulta para XML desarrollado por el W3C en su versión 1.0 desde enero de 2007. Entre sus ventajas destacan las siguientes:

- Similar a SQL.
- Suministra los mecanismos necesarios para acceder y manipular información en formato XML.
- Genera nuevos documentos XML a partir de los datos obtenidos en una consulta.
- Mantiene el modelo en árbol de los documentos XML en el resultado de sus consultas.

En cuanto a las desventajas que se manifiestan por el momento en el lenguaje XQuery se tienen las siguientes:

- No permite actualizar un documento XML.
- No disponible de mecanismos de búsqueda de texto.

Actividades

5. Busque más información sobre el lenguaje XQuery y anote aquellos aspectos que considere más importantes sobre dicho lenguaje.

2.5. Uso del almacenamiento XML en bases de datos

Anteriormente, se estudiaron las diferentes características que tiene una base de datos y que satisfacen las necesidades de almacenamiento de información que tiene una empresa u organización. Además, se expusieron los diferentes tipos de sistemas gestores de bases de datos existentes. Con todo ello, en el presente apartado se pretende dar a conocer el uso del almacenamiento XML en bases de datos.

Entre las características más destacables se tienen las siguientes:

- La información se estructura mediante la anidación de datos.
- En cada etiqueta se incluye información que proporciona cierto grado de documentación a los datos almacenados.
- Al ser un lenguaje de marcas extensible se adapta a los diferentes requisitos de la aplicación.

Es inevitable la comparación entre un sistema de base de datos relacional y otro basado en XML. La primera de las cuestiones que se puede plantear es cómo se define la estructura de la base de datos en función a los requisitos de almacenamiento de información por parte de la empresa. Como ya se estudió, existe un lenguaje de definición de datos o DDL mediante el cual se define la estructura de la base de datos. Con él se podrán definir el nombre de las tablas, sus campos e incluso la naturaleza de los mismos entre otros. Para ello, este lenguaje hace uso de sentencias SQL mediante las cuales se definían los citados requisitos de la empresa u organización.

Volviendo de nuevo al ámbito de almacenamiento XML en bases de datos hay que señalar que, de igual modo que se ha recordado para una base de datos relacional, se utiliza un lenguaje de definición de datos en este caso basado en el concepto de DTD o documento de definición datos, o de otro modo mediante un esquema XML.

2.6. Aplicaciones reales XML

Como se conoce, los motivos de utilización de aplicaciones basadas en XML son a grandes rasgos el almacenamiento de información y la transferencia o intercambio de datos entre diferentes aplicaciones.

En base a ejemplos reales de los diferentes usos y aplicaciones de los que una aplicación informática puede hacer uso de XML se encuentran los siguientes:

- Aplicaciones genéricas para la web. Apoya al diseño de páginas web y para cualquier fin.
- Diseño de formularios tanto para captación de información como de su almacenaje. Pueden estar contenidos tanto en una aplicación web como de escritorio e incluso hoy día en aplicaciones para dispositivos móviles.

- Incluidos en módulos de aplicaciones orientados a la generación de informes, mostrando al usuario la información solicitada a modo de resumen.
- Generación de archivos de configuración de la propia aplicación. En función de los parámetros aquí almacenados, la aplicación mostrará tanto un aspecto diferente como un comportamiento particular.
- Conexión entre sistemas de diferentes plataformas. Sirve de puente e interconexión entre aplicaciones desarrolladas para diferentes plataformas a modo de sistema intermedio o middleware.
- Uso mediante servicios web. Su objetivo es alcanzar un nivel de abstracción suficiente para que dicho servicio sea consumido desde cualquier plataforma y mediante cualquier lenguaje.

Recuerde

Gigantes en el ámbito de las telecomunicaciones como Cisco hacen uso de la tecnología XML en sus terminales de telefonía IP con el objetivo de mejorar la productividad de las organizaciones que hacen uso de sus sistemas de comunicación. Entre otras ofrecen variada información en las pantallas de sus terminales.

Actividades

6. Exponga ejemplos reales del uso de XML en aplicaciones que pueda encontrar en el mercado.

2.7. Aplicación práctica

Imagine que trabaja como desarrollador de aplicaciones en una empresa y su jefe le pide que traduzca la información contenida en una base de datos para que sea utilizada por una ampliación del programa de gestión que un cliente de su empresa le ha pedido realizar y que es utilizado en el departamento de taller. Su jefe le proporciona la siguiente tabla con datos de diferentes piezas para la reparación de maquinaria agrícola y usted deberá realizar un documento XML que se adapte a dichos datos.

Como no tiene acceso al código de la aplicación y no sabe cómo esta trata los datos deberá realizar dos variantes del documento: la primera de ellas usando atributos en lugar de subelementos y la segunda de ellas con atributos.

Tabla PIEZAS

ID PRODUCTO	NOMBRE	PRECIO	OBSERVACIONES
000001	TUERCA	1,5	
000002	RACOR	3,7	
000003	MANGUITO	6,5	
000004	TORNILLO	1	
000005	ARANDELA	0,8	
000006	PERNO	6,9	
000007	COJINETE	8,5	

Solución

XML con atributos

```
<reparacion>
    <pieza
        id_producto="000001"
        nombre="TUERCA"
        precio="1,5"
        observaciones="">
    </pieza>
    <pieza
        id_producto="000002"
        nombre="RACOR"
        precio="3,7"
        observaciones="">
    </pieza>
```

XML sin atributos

```
<reparacion>
    <pieza>
        <id_producto>000001</id_producto>
        <nombre>TUERCA</nombre>
        <precio>1,5</precio>
        <observaciones></observaciones>
    </pieza>
    <pieza>
        <id_producto>000002</id_producto>
        <nombre>RACOR</nombre>
        <precio>3,7</precio>
        <observaciones></observaciones>
    </pieza>
```

Continúa en página siguiente >>

<< Viene de página anterior

XML con atributos

```
    <pieza
        id_producto="000003"
        nombre="MANGUITO"
        precio="6,5"
        observaciones="">
    </pieza>
    <pieza
        id_producto="000004"
        nombre="TORNILLO"
        precio="1"
        observaciones="">
    </pieza>
    <pieza
        id_producto="000005"
        nombre="ARANDELA"
        precio="0,8"
        observaciones="">
    </pieza>
    <pieza
        id_producto="000006"
        nombre="PERNO"
        precio="6,9"
        observaciones="">
    </pieza>
    <pieza
        id_producto="000007"
        nombre="COJINETE"
        precio="8,5"
        observaciones="">
    </pieza>
</reparacion>
```

XML sin atributos

```
    <pieza>
        <id_producto>000003</id_producto>
        <nombre>MANGUITO</nombre>
        <precio>6,5</precio>
        <observaciones></observaciones>
    </pieza>
    <pieza>
        <id_producto>000004</id_producto>
        <nombre>TORNILLO</nombre>
        <precio>1</precio>
        <observaciones></observaciones>
    </pieza>
    <pieza>
        <id_producto>000005</id_producto>
        <nombre>ARANDELA</nombre>
        <precio>0,8</precio>
        <observaciones></observaciones>
    </pieza>
    <pieza>
        <id_producto>000006</id_producto>
        <nombre>PERNO</nombre>
        <precio>6,9</precio>
        <observaciones></observaciones>
    </pieza>
    pieza>
        <id_producto>000007</id_producto>
        <nombre>COJINETE</nombre>
        <precio>8,5</precio>
        <observaciones></observaciones>
    </pieza>
</reparacion>
```

3. Comparación del almacenamiento XML con el almacenamiento plano en ficheros

Hasta el momento se han ido conociendo diferentes tipos de almacenamiento de información tales como ficheros, base de datos y XML. En este apartado se comparará el primero de ellos, ficheros, con XML. Para ello hay que recordar las principales ventajas y desventajas del uso de ficheros.

El uso de ficheros planos para almacenar información frente a XML se antoja como una opción deficiente tanto porque el desplazamiento a través de ellos en busca de algún dato concreto es un trabajo arduo y poco eficiente, así como por las operaciones de mantenimiento necesarias para ello, que son limitadas, costosas y difíciles de realizar.

Sin embargo, una tarea equivalente en formato XML, no siendo más sencilla de realizar, sí que es tanto más eficiente como potente a la hora de acceder a documentos XML con grandes cantidades de información. De esto se deriva que para la transmisión de información entre aplicaciones en multitud de sistemas se utilice la tecnología XML.

Por otro lado, cabría destacar que de un fichero plano por sí solo no se extrae la misma información en cuanto al contenido del mismo que de un documento XML. Esto se debe a que los documentos XML son más ricos en cuanto a semántica se refiere que un fichero plano, desde el que en ocasiones no se podrá deducir qué clase de información almacena.

4. Servicios de directorio

En la vida cotidiana se puede encontrar la necesidad de acceder a cierto tipo de información, como por ejemplo el número de teléfono o dirección de un profesional que repare una puerta cuya cerradura esté empezando a fallar o, por otro lado, realizar alguna consulta a un mecánico por algún tipo de ruido que esté haciendo un vehículo.

Aunque hoy en día esta información se puede encontrar en Internet mediante unos pocos clics de ratón, para este cometido las empresas almacenan datos de interés en un sistema denominado servicio de directorios en los que se puede consultar diferentes tipos de información.

Directorio
Es una estructura que almacena información de manera jerárquica a modo de grupo de objetos o entradas junto con sus propiedades. El ejemplo más claro que se puede encontrar es el de un listín telefónico.

En la antigüedad, este tipo de información era almacenada en un sistema de directorios físicos y aunque no mediante un ordenador se podían consultar de igual forma de manera manual. Quizás uno de los más claros ejemplos de ello sean las páginas amarillas; se trata de un sistema de directorio físico en el que se almacena información de profesionales y que están ordenadas en función del servicio que ofrecen.

Este sistema de información es utilizado en la actualidad de forma telemática y requiere de la tecnología y el uso de Internet para un rápido y seguro acceso a la información. A continuación, se estudiará uno de los protocolos de acceso a directorios que existen en la actualidad como LDAP.

4.1. Definición de LDAP

LDAP o Protocolo de Acceso Ligero a Directorios, en inglés, *Lightweight Directory Access Protocol,* se define como un protocolo mediante el que se establecen una serie de normas de acceso a los datos ubicados en un sistema de directorio.

Cada directorio se compone de diferentes entradas que son identificadas a través de un nombre distinguido o ND, cuyo objetivo es el de identificar a la entrada de manera única. Cada nombre distinguido o ND está constituido por una sucesión de nombres distinguidos denominados nombres distinguidos relativos o NDR, que se corresponden con los atributos de la entrada.

La propia naturaleza de LDAP lo define como un protocolo binario el cual detalla un formato de intercambio de datos mediante el que se facilita el tratamiento de los datos e incluso su definición denominado *LDIF, LDAP Data Interchange Format.*

LDAP permite a un usuario realizar una serie de operaciones entre las que se encuentran las siguientes:

- Conectarse al directorio.
- Buscar información en el directorio.
- Añadir entradas.
- Modificar entradas.
- Eliminar entradas.
- Comparar entradas.
- Desconectarse del directorio.

En la siguiente imagen y a modo de ejemplo, se puede encontrar la estructura de árbol jerárquica correspondiente a un directorio que almacena información sobre las sedes, departamentos y empleados de una empresa.

Ejemplo de directorio

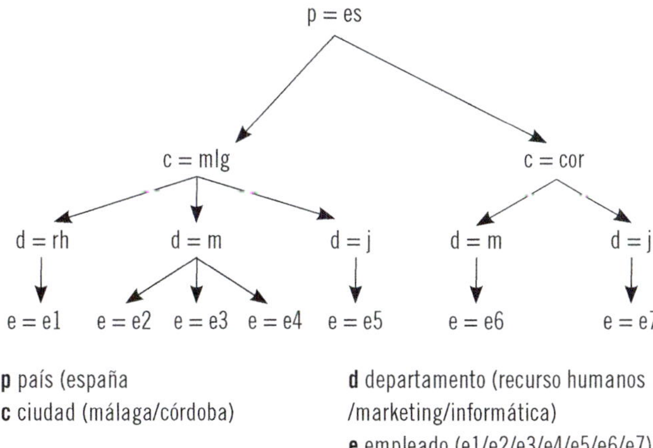

Aplicación práctica

Su jefe ha cambiado de parecer y ahora desea realizar además del almacenamiento XML de información anterior, el diseño de un sistema de directorios que muestre los diferentes productos que se utilizan en una reparación y en cada una de las sedes de la empresa. Como primer paso, su jefe le encarga que realice un diagrama que muestre esta posible distribución que le haga ver cómo se almacenaría la información.

En él deberá hacer constar cada una de las dos delegaciones que posee la empresa en Madrid y Valencia, varias reparaciones de vehículos y las piezas utilizadas.

SOLUCIÓN

Solución del diagrama directorio

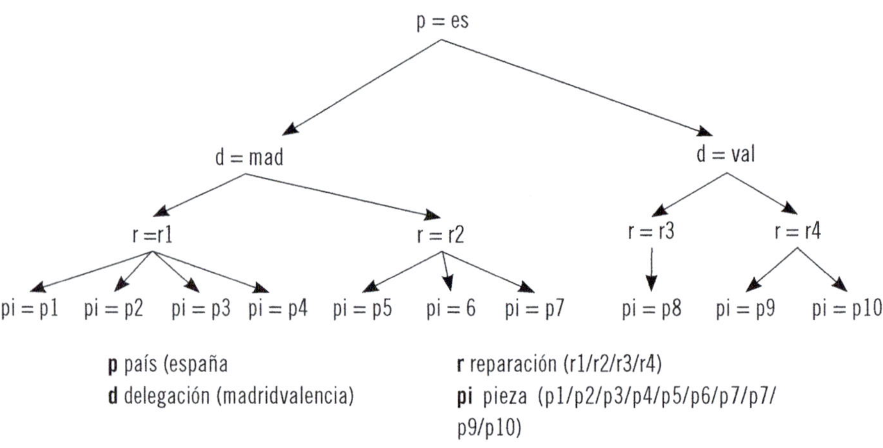

5. Comparación del almacenamiento de la información en un LDAP contra un SGDB

Entre estos dos tipos de almacenamiento de información utilizados en la actualidad se destacan los siguientes puntos a analizar entre ambos:

- LDAP hace uso de un modelo de datos jerárquico mientras que un SBGD es relacional por lo general, aunque también pueda ser jerárquico, en red u orientado a objetos.
- Tanto el modelo de datos de LDAP como el de un SGBD son independientes en cuanto a su representación física.
- Ambos desde programas de aplicación permiten el acceso a los datos almacenados con objeto de consultarlos, modificarlos o eliminarlos.
- LDAP provoca que cualquier cambio en la estructura de un árbol de directorio tenga que ser comunicado al programa de aplicación que haga uso del mismo, mientras que en un SGBD este hecho no afecta al programa de aplicación.
- Por la naturaleza de LDAP puede existir duplicación de información en los directorios mientras que un SGBD posee mecanismos que lo impiden.
- Un SGBD hace uso de lenguajes de definición, manipulación y control de datos que garantizan mediante restricciones de integridad y control de usuarios la seguridad de los datos mientras que LDAP no lo realiza por sí solo.

6. Resumen

XML es un lenguaje de marcas extensible, y por extensible se determina que es un lenguaje que una vez definido se pueden extender etiquetas nuevas a la hora de utilizarlo. El lenguaje XML se origina a partir de SGML.

Una marca es un concepto que se conoce como etiqueta. Al igual que en otros lenguajes como HTML los datos se encierran dentro de etiquetas o marcas.

El almacenamiento de información mediante XML requiere de una serie de herramientas para manipular dicha información. Estas herramientas facilitarán el acceso a los datos para su consulta y manipulación con las diferentes aplicaciones que hagan uso de los mismos.

A grandes rasgos, el almacenamiento de información y la transferencia o intercambio de datos entre diferentes aplicaciones son los motivos de utilización de aplicaciones basadas en XML.

Un directorio es una estructura que almacena información de manera jerárquica a modo de grupo de objetos o entradas junto con sus propiedades. El ejemplo más claro que se puede encontrar es el de un listín telefónico.

LDAP o Protocolo de Acceso Ligero a Directorios, en inglés *Lightweight Directory Access Protocol*, se define como un protocolo mediante el que se establecen una serie de normas de acceso a los datos ubicados en un sistema de directorio.

Ejercicios de repaso y autoevaluación

1. Indique si las siguientes frases son verdaderas o falsas:

a. XML no es un lenguaje extensible.

- ☐ Verdadero
- ☐ Falso

b. Una marca es un concepto que se conoce además como etiqueta.

- ☐ Verdadero
- ☐ Falso

2. Una marca se delimita...

a. ... mediante corchetes angulares.
b. ... mediante el elemento raíz.
c. ... mediante su etiqueta de cierre.
d. Todas las opciones son incorrectas.

3. ¿A partir de qué lenguaje se origina el XML?

a. HTML
b. XHTML
c. SGML
d. Todas las opciones son incorrectas.

4. Realice una definición de XML.

____

____

____

____

5. Complete la siguiente oración:

El uso común de _______________ se establece con una etiqueta de apertura y otra de _______________que se distingue por poseer el carácter _______________ antes de la palabra que da por nombre a la _______________.

6. ¿Por qué se dice que XML es un metalenguaje?

a. Porque deriva de SGML.
b. Porque deriva de HTML.
c. Porque es un lenguaje que puede definir lenguajes.
d. Porque es un lenguaje que define marcas.

7. ¿Mediante qué componente se dispone la información en un documento XML?

a. Atributos
b. Objetos
c. Elementos
d. Espacio de nombres

8. Indique si las siguientes frases son verdaderas o falsas:

a. Pueden existir diferentes atributos en una etiqueta sin repetirse alguno de ellos en la misma etiqueta.

☐ Verdadero
☐ Falso

b. Un atributo se compone de su nombre y del valor que posee.

☐ Verdadero
☐ Falso

9. Los elementos contenidos en un documento XML...

a. ... no pueden estar anidados.
b. ... pueden estar anidados entre sí, siempre y cuando la anidación sea correcta.
c. ... pueden estar anidados entre sí, independientemente de la anidación.
d. Todas las opciones son incorrectas.

10. ¿Qué es un espacio de nombres y cómo se utiliza?

____

____

____

____

11. ¿Cómo se llama el lenguaje de consulta para XML desarrollado por el W3C?

a. Namespace
b. SQL
c. XQuery
d. W3C Lenguague

12. ¿Cuál de las siguientes características no es una ventaja de XQuery?

a. Similar a SQL.
b. Suministra los mecanismos necesarios para acceder y manipular información en formato XML.
c. Generar nuevos documentos XML a partir de los datos obtenidos en una consulta.
d. Permite actualizar un documento XML.

13. Complete la siguiente oración:

Un ________________ es una estructura que almacena información de manera ________________ a modo de grupo de objetos o entradas junto con sus ________________.

14. El ejemplo más claro que se puede encontrar de un directorio es:

a. Un sistema gestor de bases de datos.
b. Archivador de carpetas.
c. Un listín telefónico.
d. Todas las opciones son correctas.

15. Cada directorio se compone de diferentes entradas que son identificadas a través de un...

a. ... atributo.
b. ... nombre distinguido.
c. ... nombre distinguido relativo.
d. Todas las opciones son incorrectas.

Bibliografía

Monografías

- KORTH, F. H. y SILBERSCHAFT, A.: *Fundamentos de bases de datos.* Madrid: Mc-graw Hill, 2014.
- MARTÍN Alloza, J. y CABELLO García, J. M.: *Gestión de bases de datos con Oracle 10g.* Antequera: IC Editorial, 2009.

Textos electrónicos, bases de datos y programas informáticos

- Modelos de almacenamiento de información en ficheros secuenciales, de: <http://www.archivosecuencial.blogspot.com.es/>.
- Modelos de almacenamiento de información en ficheros directos e indexado, de: <http://www.slideshare.net>.
- Sistema gestor de base de datos Oracle, de: <http://www.oracle.com>.
- Sistema gestor de base de datos, de: <http://www.mysql.com>.
- Sistema gestor de base de datos Microsoft Access y Microsoft SQL Server, de: <http://www.microsoft.com>.
- World Wide Web Consortium, de: <http://www.w3c.es/>.